中原大學・大師系列

Chung Yuan Christian University · Masterpieces Series

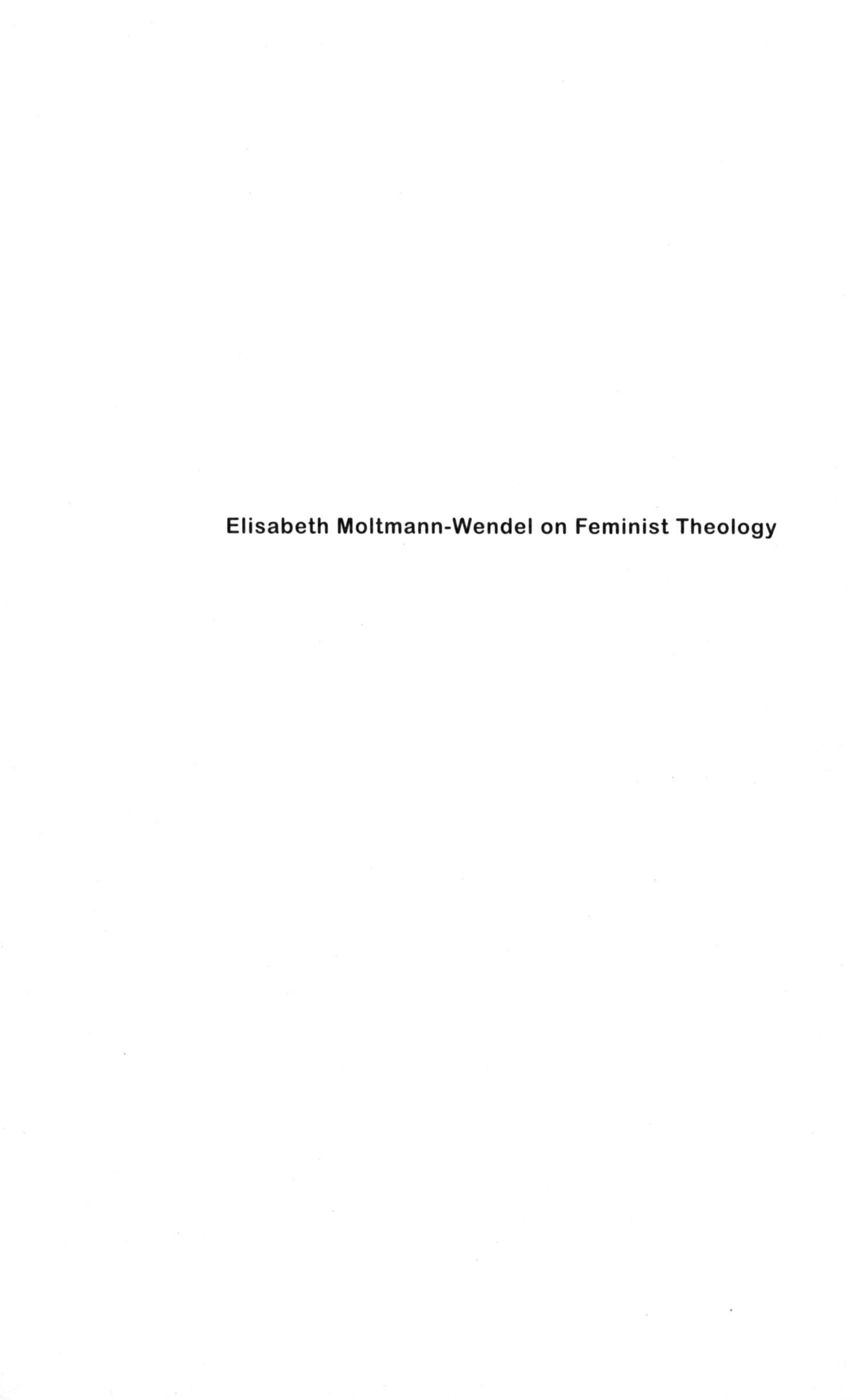

Elisabeth Moltmann-Wendel on Feminist Theology

中原大學・大師系列 5

莫特曼—溫德論女性神學

莫特曼—溫德 著／曾慶豹 策劃／吳婉如 譯

▼

中原大師．大師系列

莫特曼—溫德論女性神學

Elisabeth Moltmann-Wendel on Feminist Theology

作者

莫特曼—溫德 Elisabeth Moltmann-Wendel

系列策劃

曾慶豹

翻譯

吳婉如

執行編輯

梁冠霆

裝幀設計

奇文雲海．設計顧問

■

出版／發行

基道出版社

香港沙田火炭坳背灣街26號富騰工業中心1011室

LOGOS PUBLISHERS

Unit 1011, Fo Tan Ind. Centre, 26 Au Pui Wan St., Shatin, Hong Kong

電話：(852) 2687-0331 傳真：(852) 2687-0281

網址：http://www.logos.com.hk

承印

海洋印務有限公司

●

1/2009 初版

Cat. No. LP245

ISBN 978-962-457-371-8

此系列叢書之出版在中原大學特色研究領域計劃中進行

Printed in Hong Kong

刷次	10	9	8	7	6	5	4	3	2	1
年份	2018	2017	2016	2015	2014	2013	2012	2011	2010	2009

總序

中原大學為一所具基督教精神的大學，在宗教研究領域方面朝以基督教學術研究為主。我們除了出版國際學術期刊和主辦國際學術會議，近年來又以中原大學名義邀請歐美著名學者相繼到訪，包括神學家、聖經學家、哲學家、社會學家等等，與我們分享了他們的智慧與思想，拉近了我們的距離，也把我們帶到世界的舞台。

本系列叢書之構想，主要是集結大師的精要論著和小篇幅的作品予以出版，且輔以簡略地介紹大師的專文，讓讀者可以在文本的世界裏繼續與大師會晤，走進大師，走向他們平易近人的思想世界。

本叢書為中原大學宗教研究所和香港基道出版社合作出版，我們願與各位分享大師的智慧，並誠懇地邀請諸位，一同參與大師的文字饗宴。

致中文讀者

這裏所呈現的論文來自於三十年來擴及全世界的女性神學的知識與經驗。女性神學是女性為女性而做的神學，它開拓了一個自己的新的立足點，神學由此肇基開展。在此之前，神學幾乎毫無例外地受男性、其經驗及其知識所影響，甚少呈現女性的生活世界，因此，女性遂開始從自身的世界觀與思考模式來建構神學。它探究聖經中的女性所展現的意義，以及她們和耶穌的關係。它改變了罪與恩典的傳統觀點，並將降世、生產以及日常生活的問題帶入神學。

在西方教會所發生的事，也在普世的教會迅速推展開來，這過程中可顯見的是，在各式不同社會建構下的女性也同樣能演說、書寫與生活。女性神學並非一塊完整的巨石雕像，而是反映了大量的女性的知識與經驗。本書中的論述源自西方歐洲女性神學的觀點，它應能激發讀者批判地、創造地與自己的傳統相遇，以致能不斷重新發現那帶來自由、賜予生命的基督教福音，為女性，當然也為男性。

莫特曼—溫德

圖賓根

前言

二〇〇五年，德國神學家莫特曼（Jürgen Moltmann）教授應中原大學之邀到訪，於中原大學五十週年校慶紀念大會上領贈名譽博士學位，伊莉莎白·莫特曼—溫德（Elisabeth Moltmann-Wendel）教授同時也受邀，與夫婿莫特曼共同主講兩天的神學講座，為五十週年校慶主要學術活動之一，溫德主講了〈從歐洲觀點看今日的女性神學〉和〈抹大拉的馬利亞——耶穌的女友與第一位女使徒〉兩個題目。

華人神學界和莫特曼的接觸機會非常之多，他的重要著作均已有中譯本出版；相對之下，我們對溫德則比較陌生，坊間僅僅出版過她一本中譯本著作《女性主義神學景觀——那片流淌著奶和蜜的土地》（*Das Land, wo Milch und Honig fließt—Perspektiven einer feministischen*

Theologie）（香港：三聯書店，1994），事實上，溫德在德語神學界的名氣並不遜於她的夫婿莫特曼教授。

猶記得在莫特曼與溫德共同主持的講座上，出席參加的人士中竟然來了不少教會界的女牧者，她們對於溫德的興趣比莫特曼還強烈，紛紛地與她談話、照相，溫德受到的對待，令莫特曼有些吃味，可見女性神學家在華人神學界中是如此地稀少，因此也特別地彌足珍貴。

溫德給人的印象是生性開朗、活潑和健談。第一次見到溫德是在德國巴德博爾（Bad Boll）的一次會議間，那是一次莫特曼的學生、同道特別為記念《盼望神學》（*Theology of Hope*）出版四十年所舉辦的，溫德就穿梭於會場中，我感到她的好客和熱情，到訪的學者友人似乎與她的互動比莫特曼還熱絡。莫特曼和溫德在台灣短暫的數天，有幸與這一對著名的神學家夫婦相處，也領教了當夫婦同為某個神學觀點針鋒相對爭辯時的情況，在我旁觀者的角度看來，溫德總是占了上風，理由也比較充分，莫特曼反而失去了印象中的強勢，的確是饒富趣味。

女性神學的書寫和思考，在華人教會界中仍然難以取得突破，可見在華人神學圈內，女性神學的耕耘想要取得進展仍有很大的阻力。儘管相較於北美的女性神學思潮，溫德的女性神學思想已算不上激進的了，但是，她在中原大學的那兩場演講，仍給我們帶來些許的壓力，某些教會界的人士還特別向我們表達某種程度的關切；令我們深切的感到，華人教會植根於華人社會文化，「父權」這種理所當然的思維，未必與聖經神學的思想相符。

無可否認的，女性神學是當代歐美神學的強點，聖經研究更是積累了非常可觀的研究成果，任何忽略女性神學的思想貢獻，恐怕對於當代神學的認識也會有所缺憾，希望本書的出版可以為女性神學在華人教會中取得一些推進的作用。本書收錄了溫德在中原大學講座上的兩篇講稿，再加上兩篇專文一併出版，由吳婉如迻譯，譯文平易近人，與一種女性的書寫風格絕對有關。

曾慶豹

作者簡介

伊莉莎白·莫特曼—溫德是德國當代女性神學的代表人物之一。一九二六年生於德國北萊茵—威斯特法倫邦（Nordrhein-Westfalen）的赫爾內（Herne），一九四五至一九五一年在柏林（Berlin）及哥廷根（Göttingen）攻讀基督教神學，並取得神學博士學位。與著名的系統神學家莫特曼是同窗，兩人在一九五二年結為夫婦，婚後育有四名女兒，並按照當時社會與基督教信仰的傳統相夫教子，跟隨夫婿，將大部分的心力灌注於持家與養育，成就已婚女性的傳統社會功能，卻因而中斷自身學術生涯的發展。

女兒們稍長，減輕了肩上的家庭責任，漸能重拾荒廢已久的學術興趣。她關注的是女性在父權建構下的基督教會與基督教神學中的定位，試圖從女性切身的生活經驗出發，重新思考在歷史進程中以男性為中軸的基督教信仰，為女性找到新的定義。一九七二年起，她開始密集從事女性議題的研究，陸續出版神學論著，著作頗豐，並受邀至歐美各國講學。由於她的神學是立基於女性實際的生活經驗，而非純粹抽象思維，再加上深入淺出的論述方式，常能獲得聽者讀者的共鳴。一九九二年獲約漢娜—呂文赫茲獎（Johanna-Löwenherz-Preis）及一九九七年獲賀伯—哈格獎（Herbert-Haag-Preis），重要的代表作有：

- 《成為自己：耶穌身邊的女性》（*Ein eigener Mensch werden: Frauen um Jesus*〔Gütersloh, 1980〕）。書中她以女性的角度對環繞耶穌身旁的婦女重新評價。較具代表的是她對抹大拉的馬利亞的描述，將她定位為第一位女使徒以及耶穌最親近的朋友，她也顛覆了傳統對馬大與馬利亞的評價，指出前者才是健康的女性典範。
- 《我的身體就是我：邁向肉體性的新進路》（*Mein Körper bin Ich: Neue Wege zur Leiblichkeit*〔Gütersloh, 1994〕）。她強調身體在信仰生活中的重要性，呼籲女性應感知並接納自己的身體，做為真實信仰的根基。

此外她更對基督教的原罪教義提出質疑，認為這樣的思想源自於奧古斯丁（Augustine of Hippo）的男性經驗，導出基督教教義中負面的人觀，將身體與原罪做連結，進而鄙視身體與性，視人的身體為邪情私慾的容器，需透過洗禮方能得到救贖。她相信上帝起初所造的肉體是美好的，反映上帝的美善性情，是應從原罪教義的束縛獲得解放的。

綜觀她的神學思想，或許可以溫德於一九九七年出版的自傳的書名做為總結：

> 「凡不觸摸大地，就不能及天」（Wer die Erde nicht berührt, kann den Himmel nicht erreichen）。

吳婉如

莫特曼教授夫婦攝於中原大學宗教研究所

莫特曼教授夫婦攝於台灣東北角海灣

莫特曼—溫德教授二〇〇五年於中原大學的神學講座上攝

左上起：陸敬忠博士、曾慶豹博士、曾念粵先生

目錄

1

歐洲觀點的女性神學*

* 本文於二〇〇五年十月十二日以〈從歐洲觀點看今日的女性神學〉為題講於中原大學「神學講座」。

女性神學（Feministische Theologie）是一種論及女性並針對女性的神學，三十年來它遍及全世界，並出現在神學被建構的地方。

神學受男性和父權組織之下的社會經驗和思維模式影響了兩千年，而女性神學的出發點乃是女性在當前和在歷史中的經驗。

女性神學有三個層面：

1. 政治和社會層面。它以男性和女性間的正義和平等為目標。
2. 心理和社會層面。它不僅要使女性，也要使男性從他們傳統、固定的角色中解放出來，形成一種相互性

（Gegenseitigkeit）。

3. 文化和宗教層面。它要在女性的經驗的基礎上，促使不同文化和宗教進行宗教性的對話。

我要從歐洲的觀點並藉著三個提問來簡介女性神學：

1. 我是誰？
2. 甚麼或是誰解放我或救贖我？
3. 我們如何生活並盼望甚麼？

一　我是誰？

女性神學肇始之初有兩個不同的發現。一個是性別主義（Sexismus），也就是男性對女性的壓迫，另一個則是聖經中女性的角色。這兩者彼此緊密聯繫，但是也產生不同的思維模式和行為方式。

基督教的女性乃是透過一九七四年普世教會協會（World Council of Churches）性別主義的諮詢會議，而意識到性別主義。性別主義挑戰基督教女性，要以批判的態度來看待社會和教會中的性別角色，同時辨認出與性別主義聯繫的種族主義和階級統治。這促進了社會學和政治的思維，從此產生了至今為止仍然進行的對父權社會的批判，以及一種以分析和解構為旨趣的神學思維和實踐性的行動，如拒買南非的水果。

聖經中的女性角色的發現開始於八〇年代初期，這雖然奠基於對教會傳統和聖經傳統的批判觀點，但同時也對聖經傳統中不為人知的、具有創意的女性角色感興趣，因此也對建設性的新進路的傳遞感興趣。

這兩個進路混合在一起。我不想拆開它們，而是強調它們不同的重點。到今天為止，分析的和要求改變的行動進路，以及治療的—創意的進路都十分突出。它們具有不同的功能：前者促進神學思維中必要的批判性分析，後者喚起具有創意的女性思維模式和生活模式。因此，它們不應該互相抵制。

我是誰的問題於焉產生，並且產生不同的可能性。

我在一九八〇年寫了《成為自己：耶穌身邊的女性》，得到最廣泛的回響，在其中，我將傳統順服的、儉樸的、低聲下氣的、被動的女性表達成具有創意的、倔強的、突破女性角色的人格，也就是「成為自己的人」：國家公僕之妻約亞拿（希律的家宰〔路八3〕）來到叛國者的墳墓旁，她不再是先生的妻子，而是約亞拿，成為自己的人。促使拉撒路復活的馬大，成了傳奇故事和聖像中馴服惡龍的人。抹大拉的馬利亞是第一位女傳道和耶穌的朋友。

一九八一年，在漢堡（Hamburg）的教會日的解經中，我們使一直被視為摩西的姊姊的米利暗成為聽眾的焦點，並且讓聽眾發現，她是第一個促使以色列人出埃及的女領袖。從此，舊約和新約聖經為女性提供找到她們的身分的新素材。

一九八三年，伊莉莎白．薛絲麗．費蘭札（Elisabeth Schüssler Fiorenza）在她寫的《作為紀念》（*In Memory of Her: A Feminist Theological Reconstruction of Christian Origins*）中提到馬可福音十四章中用香膏抹耶穌的婦人，根據新約聖經的說法，她應該不斷被紀念，但卻遭人遺忘，並由此描繪出全面性的、新約歷史批判的婦女故事。

我是誰？那是從教會的惡夢中解放出來、為自己重新解讀聖經故事的女性。那是把被神學和教會詆毀的母系文化視為她本身生活的幫助的女性。那是裝備好來對抗性別主義、種族主義和階級主義的女性。那是如費蘭札所說的，投入聖經中憤怒的精神力量來解放婦女的女性。她們將「婦女教會」視為抗爭的以及解放的上帝臨在的處所。

那時，強化女性個別具創意的靈性並且還給女性在宗教改革傳統的地位，對我本身變得愈來愈重要。僅僅認可女性在社會和教會中的權利的做法，並無法及於受到數百年來教會中扭曲的人格結構影響的女性，並將她們帶向新的道路。雖然許多人具有成為自己的潛力，但是她們一再因著要尋求父權式教會的認可，並因著內化的、順服的慾望而動搖。我經歷到幾個極端的例子，發現基督教的女性所發展出的自愛是何等的微不足道，之後我寫下這樣的句子：「我是良善的、整全的、美麗的」。我以宗教改革的稱義論（Rechtfertigungslehre）來抒發這個句子，沿用馬丁·路德（Martin Luther）關於人在上帝的眼中是良善的、美麗的觀點，並且用人是整全的圖像來補充。宗教改革受到奧古斯丁的人論的影響，和人的整全性（Ganzheit）觀點相去甚遠，因此人的整全性的論據只能在聖經以外的文本中找尋。

關於女性的整全性的衝突一直延續到今天。取代整全性的是女性存在的片斷性，這種做法卻忽略了整全性並不意謂著全部，也不意謂著完美，而是應該以辯證的方式去理解。羅莎·奧斯倫德（Rose Ausländer）貼切地表達了女性生命中的這種辯證，她描寫：「遍體鱗傷，卻完好無缺」。整全是一種必要的、確實的經歷，而不是意識形態。整全性針對一種我們與生俱來並且不容否定的完好無損的特性。

重要的是，「整全性」的觀點在女性的歷史，也就是在支離破碎和渴望醫治的歷史中擁有一席之地，因此應該是一種神聖的遺產。再者，重要的是，「整全性」在今天絕對不僅針對完好的內心世界，也是一種涉及核心的社會議題的生態學和自然哲學的觀點。

傳統的神學所論及的女性的身體，忽略、詆毀或侷限於一種關於肉身性的被濫用的概念。問題是：當上帝與身體會遇時會發生甚麼事？而且，我是誰這個問題現在意謂著：與身體打交道、與身體辯論並與身體做朋友。我當時寫了《我的身體就是我：邁向肉體性的新進路》，但那毋寧是一種抗議，自己終於專注於不被關愛的身體，以表達一種自我定義。無論如何，令人驚訝的是：生病的女性強烈意識到，她們與她們的身體緊密聯繫，並且透過她們身體的缺失，而與身體認同。一種女性主義的醫學從倫理學的衝突中甦醒過來：在墮胎和體外受孕的議題上，女性將醫生和神學家的眼光轉移到女性的身體上。爭議性的「整全性」再度得到一個嶄新的面向。歐洲傳統的身體和精神的二元論似乎因著女性主義的觀點而走上窮途末路。

女性終於不能不憑藉她們的身體才能想像和經歷她們的特有性。舞蹈、動作、身體的儀式得到一種新的價值。我是誰？有血有肉的女性，她不再從宰制的神靈的角度來理解自己，並且她在她裏面發現上帝。

我是誰？女性將在家庭和職業間、在關係和自主間、在尋求自我和日常生活的要求間，找尋到她們可以走的、以具體生命為定向並且不受抽象理論影響的神學之路。女性從父權的上帝圖像和社會圖像中將自己解放出來。

二　甚麼或是誰解放我或救贖我？

我將女性神學的歷史視為耶穌吸引人和受人排斥的歷史，而這個歷史具有不同的層面。女性神學興起時，漢那·渥爾夫（Hannah Wolff）寫的《耶穌這個男人》（*Jesus der Mann*）剛出版。它第一次使人注意到救贖人物的性別特性，並且看見另外一個性別，也就是迎向女性的人。這立即產生第一個爆炸性的題材：男性的救贖者能夠拯救女性嗎？有一部分極端的女性主義者立即脫離基督教：「如果上帝是男性的，那麼必然是大男人上帝！」這時，對於一位女性化的耶穌基督的想像出現了。在柏克萊（Berkeley）樹立了一尊受苦的、被釘十字架的女基督的雕像。

其他人試著將男性視為孤單、孤立的，而強調在耶穌這個男人的關係上也可發現到的相互性：女性和耶穌之間的相互性顯示了一種神性的品質，是一種無法適用在男性模式中的品質。

最後，卡爾特·黑瓦德（Carter Heyward）在後來幾年中決定了女性神學的趨勢，她想提供一幅新的耶穌圖像，「因為我在耶穌的作為上看到人使上帝在這世界中變得具體的能力，我們也像耶穌一樣擁有這種能力……假設我們讓人看見耶穌的作為，而不是耶穌曾經是誰，這樣便意謂著，我們將重點擺在拿撒勒人耶穌，而不是永恆的基督。」

於是，探究男性救贖者的問題被相對化了，並且基督論被成為神、人之間的轉捩點的耶穌論所取代。

從此以後，「關係」這個字眼對所有的神學場域，尤其是基督論（Christologie）或耶穌論（Jesusologie）發揮重大影響。女性神學將耶穌從毫無關係的處境中解放出來，正如對耶穌的歷史所做的活潑的詮釋所展現的：耶穌需要人，人也需要耶穌。婦女們讓他看見他的道路和使命。

但是，耶穌這個人在哪裏？這個問題浮現出來。對於黑瓦德而言，耶穌終究只是人神關係的模式。就連釘十字架的情節也讓她絆跌，她無法感受到耶穌的孤單，並且歸咎於福音書的作者：「他們沒有掌握耶穌受難的核心——這意謂關係中的根源」。

關於耶穌在十字架上最後的吶喊：「我的上帝，我的上帝，為何離棄我？」，她寫道「耶穌的憤怒有一特定的目標」，「一種非關係……破碎的關係、上帝在世界中的破滅……」

因此，作為關係和團契模式的耶穌，失去了他的人格（Personalität）和他獨特的上帝關係的某些成分：那被上帝離棄的上帝——某些使他對許多人變得如此重要的要素。於是，受難史的一部分撕裂了。

在八〇年代，出現了一種直到今天仍被討論的政治層面：基督論對於不同的社會壓迫佔有多少的成分？基督崇拜？基督帝國主義等關鍵字眼出現了，並且讓女性追問：哪一種壓迫女性的成分與基督這個概念相聯繫？女性在階層式的觀點中——尤其是教牧書信中——看到她們直到今天在教會中在男性的基督——男—女——階層中的從屬地位，並且表達她們的抗議。

另外一個層面再次改變了耶穌的圖像。以往排他性的耶穌基督因著他的誇勝主義（Triumphalismus）和反猶主義（Antisemitismus）而被檢驗。耶穌是猶太人，他和傳統相聯繫，這些事實成了神學的中心。這樣，他和女性的關係不再那麼特別，而是符合當時猶太人的傳統。

「耶穌是女性主義者」，「耶穌是女性的解放者」——從此這些話被視為反猶的標記，因為它以耶穌有別於猶太教的方式來看待耶穌，給他賦予基督教的特色，將耶穌硬塞進猶太教。相反的，女性神學發現，耶穌原本就是猶太人，緊密聯繫於他的猶太教傳統，並且他與女性的交往反映出猶太人的傳統。

現在，他只被當作猶太人來理解，一位完全身處於律法傳統中的猶太人、彌賽亞和拉比，而不再是基督教的上帝之子。他的死被理解成殉道之死，在許多殉道者的行列，他的死的獨特性不再存在了。

以前的人沒有看到，他也是做自己的人、本真的猶太人，他本身的思維方式和人生觀並沒有引起別人的好奇。

傳統教會將耶穌之死詮釋為贖罪祭，這種做法成了另外一個衝突點，也引發女性對耶穌進行新的思考：耶穌為我們的罪死了——這種傳統教會的表達方式成了女性神學批判的焦點。一直和暴力相聯繫的贖罪祭的想法和女性在生命中抱持犧牲的態度所得到的負面經驗，被當作聖餐的基本想法而被女性神學拒絕，取而代之的是獻身的觀點。獻身被理解為耶穌對生命的態度。獻身也成為能夠使生命更豐盛的事。我以約翰福音中友情的思想來取代缺乏説服力的贖罪祭的思想：耶穌的死是為朋友、為遭排斥的人、為税吏和罪人的死，他活著的時候已經將喜樂和滿足賜給她們。長久以來被遺忘的聖經思想再度成形，而這些想法始終在女性神學的方案中（黑瓦德、莎莉·邁克法桂〔Sally McFague〕，以及依麗查蓓特·將森〔Elizabeth Johnson〕）扮演重要的角色。現在，這種思想為我形成一幅圖像，它涵蓋了耶穌的生與死。耶穌不是為我的罪而死，耶穌乃是為了他的朋友而死。個人的和社會取向的思想在其中佔有位置：上帝的友情——耶穌的友情激發出新的關係的思想，而且為朋友而死的觀點為耶穌的生命和死亡賦予新的意義。

有趣的是，在非洲的女性當中，這種友情的思想是核心的概念，並且可以在此搭建普世教會的橋樑。

耶穌是智慧的思想也和友情的觀點緊密聯繫，這個智慧在街道上行走，並邀請人與他同席吃喝。耶穌可能在舊約的智慧裏看見自己，並且婦女可以在他裏面看見上帝的女性代表，這是一個復和的、化解許多對立的神學路線，聖經的、母系的和解放神學所關注的內容在此路線中會遇。

在過去二十年形成新的耶穌的觀點，它引發了解放、拯救的功效：

耶穌，他是人，他活在關係中，並且因此使得上帝得以具現在地上。

耶穌，他是猶太人，深植於猶太人的傳統中。

耶穌，他是同席吃喝的人的朋友，為他的朋友捨命。

耶穌，他是智慧，上帝的女性圖像，在街道上呼召人。

三　我們如何生活並盼望甚麼？

現在產生的問題是：女性神學表現出一種和傳統神學的決裂，還是一種有機的持續發展，並且豐富了信仰的陳述？

無疑的，它意謂著和父權主義傳統的決裂，因為它使得那羣對社會毫無影響的婦女能夠獨立思考、言說、寫作和教學。但是我認為，女性神學雖然意謂著某些歐洲思維模式的終結，但終究是神學文化的創新。

這種創新似乎是對生命的關注。聖經的生命之言再次得到啟發的力量，但那不是針對不確定的永恆生命，而是針對當前。

我們歡度、認識、忍受並享受當下的、此界的生命：死前有一生命。這個句子對女性神學發揮重大影響，直到今日。彼界的虛幻安慰使女性忍受不義太久了，以致於轉向此界、塵世，當下成了女性神學的中心。

今天，我們以「塵世化」（“Erdung”）這個字眼來指涉這層涵意。它意指將神學再度帶到人、女性、日常生活、我們所虧負的塵世和人受損的身體。它意指，使上帝和屬於上帝的一切在塵世中能夠再度被經歷和體會。它意指為塵世中的公義而工作。

我認為，Erdung 這個純樸字眼所隱含的比「內在」（“Immanenz”）這個膚淺的字眼還深刻。Erdung 意指重回塵世，將它當作由上帝所形塑並由祂的能力所充滿的領域。

據此，我認為重新探究死亡和永生的問題的時機到了。在舊約聖經中死亡意謂返回大地的懷抱；在古老和現代的基督教的見證中，我們可以找到大地的母腹的思想。因此，死亡並不是進入不知的領域，而是進入上帝的領地。它並不意指和生命決然的斷裂，相反的，它可以理解為過渡到另一個上帝的領域，即使它是晦暗不明和不熟悉的。

長久以來，女性神學處理了死亡和將來的生命的問題。

對我而言，這是切實而重要的；探究復活的問題不再只是以簡單的句式：「我們站起來」、「我們造反」、「復活是反抗」來表達。

這些曾是女性神學長久以來對復活的主流詮釋。復活的耶穌成了跟隨他的人的反抗。對於黑瓦德而言，復活不是耶穌生命中的事件，而是他的朋友生命中的事件。

問題是，在今天反映解放神學的目標的這些詮釋是否依然是充分的。當基督教神學充滿著避世的色彩時，這些詮釋是正當的，但是，今天它們在道德上過於窄化，並且變得癱瘓無力。女性神學若要擁抱生命，則必然要求另一種解答。

引人注意的是，拉丁美洲針對此界的女性神學的復活觀點具有較豐富的色彩、活力、喜悅和滿足的字眼，以及個人的盼望。雖然個人的身體和社會的身體、對塵世的喜悅具有它們固有的權利，但是西方女性神學抗爭性的活力卻將現世的復活弄得比較不具吸引力。

但問題是：我們能夠將影響基督徒兩千年之久的個人復活盼望拋棄嗎？我們能夠想像，如魯耶特（Rosemary Ruether）所指的，重回大地母腹中，讓我們的人格特徵化解於無形嗎？

如果我們仔細留意改變的力量，這力量已經在此改變我們的生命，而且能夠伴隨塵世中公義的工作，那麼我們也能夠期待，這種力量不會隨著我們生物性生命的結束而宣告終止。這樣，我們便可以信靠上帝賜下能力的創造力，而這個能力是超過我們本身的生命境域的。女性正好因為知道生命活力充滿奧祕的復蘇，她們應該利用她們的經驗，為要在甚麼是復活的這個問題上，說出不同於男性神學的新講法：能力流到另外一個空間。假設我們重新面對傳統的正反兩面：死與生、這裏和現在、此界和彼界，假設我們將它們理解成過渡，那麼它們便失去了力量和威脅。正如塵世向來是上帝的處所，死人和活人的處所。

我們不應該放棄已經能夠豐富我們的生命的事物，能夠在當前幫助我們的事物也能夠指向將來。

重回到來自女性生命、身體和日常經驗的上帝觀點，能夠教導我們將塵世看成醫治和拯救的處所，因為在塵世中，復活已經發生，並且復活的盼望生生不息。

2 抹大拉的馬利亞——耶穌的紅顏知己與第一位女使徒*

* 本文於二〇〇五年十月十二日以〈抹大拉的馬利亞——耶穌的女友與第一位女使徒〉為題講於中原大學「神學講座」。

耶穌與抹大拉的馬利亞之間的友誼是最古老，也是最重要的女性傳統。但它很快就被另一個女性傳統所壓抑。耶穌的母親馬利亞在傾向父權式的教會發展過程中漸受喜愛，她在新約聖經中輕微的角色被加重了分量，並被覆上想像的外衣，而使得基督教早期出現兩個對比的女性典範：由抹大拉的馬利亞所體現的友誼，以及由耶穌的母親馬利亞所體現的母性。在時間的進展中，馬利亞被高抬於所有女性之上，同時抹大拉的馬利亞則被貶抑為大罪人，一個同樣基於想像的角色。在這個演變過程當中清楚展現出，在愈趨權力化的教會結構中，作為一個未婚女性與作為別人的紅顏知己，相對於一個妻子與母親其落敗的必然性。

首先我想考察新約的相關文獻，查看馬利亞在新約中的角色，接著我要呈現有關抹大拉的馬利亞的錯誤圖像，並提出相對的說明，最後嘗試提出一個符合當代的抹大拉的馬利亞的可能神學意涵。

女性神學曾經對於聖經中的女性角色加以重新探索，而得出了驚人的發現。我們看見原先獨立自主的女性圖像如何在傳統歷史的進程中演變為依賴的、屈居男性之下的女性，而抹大拉的馬利亞是最鮮明的例子。

首先我們把焦點放在新約的相關文獻，並由古早的傳統著手。抹大拉的馬利亞這個名字（可十五40）為她的出處提供了線索。

她來自於加利利湖畔的抹大拉，她可能是因為跟隨耶穌而離開了家鄉。帶上抹大拉的名號顯示她已經離開家鄉，她應該是一位獨居的女性，否則她的名字應會經由一位男性親屬所確定。她從加利利與其他女性一同跟隨耶穌與門徒團體遷往耶路撒冷。這個跟隨的動作是以「服事」（dienen）這個字眼來定義，而「服事」這個用詞則僅用於介定女性與耶穌的關係。另外兩個在前後文出現的字眼：「跟隨」與「上耶路撒冷」則用於形容男性門徒。「服事」這個捨棄階層關係的用詞將女性門徒與耶穌以奇特的方式連結在一起。

在與受難及復活歷史相關的女性名單中，抹大拉的馬利亞總是第一個被提及。相對於在男性團體中為首的彼得，在早期教會中顯現了某種特殊的權威。而這權威是按使徒行傳一章21至25節所稱的等級：復活的見證人與使徒。

她與其他的婦女一起冒著生命危險出現在國家之敵耶穌被釘十字架與被埋葬的現場，在復活節的清晨，耶穌交付她任務，去對落跑的門徒們宣告復活的消息。約翰也提及她與耶穌一段特別的際遇。如雷蒙·布朗（Raymond Brown）所認為的，她也是最後晚餐的參與者，因為她聽見他的聲音——這是門徒的標記，就像羊聽見牧者的聲音一樣。而耶穌最後晚餐的論說也由此開始（約十三1）。在保羅神學中並未提及她，僅提及弟兄。是她也同意如此，或者保羅未能接受她為復活的見證者（林前十五3ff.）？

路加除此之外還提到她精神疾病的復元（路八2），以及她屬於耶路撒冷原初信徒團體的核心，但對於她回到加利利及在那裏短暫的停留則並未提及。

即便「紅顏知己」（“Freundin”）這個字眼對她而言並不恰當，但透過一種特別的權威及她與耶穌的信任關係，馬利亞在耶穌身旁的女性團體中顯得突出。

一　母愛相對於友誼

我們現在將焦點轉向新約中關於耶穌母親的陳述。

馬可以銳利的筆觸寫下歷史事實中的母子衝突。馬太則緩和了此衝突，他刪去了耶穌的親屬認為他瘋狂了的情節（可三20～21），路加削弱了耶穌的重話：惟有遵行上帝旨意的，才隸屬於天國的家庭（可三35）。他更進一步的在他的福音書中透過馬利亞生產及耶穌童年的情節，而將她描述為聽從上帝旨意的，順命的使女（路一38）。

這個虔信的，順命的馬利亞圖像並未在約翰福音中被堅持到底。相對於其他僅提及以抹大拉的馬利亞為首的女性團體，約翰將她置身於十架之下，為使她成為耶穌最愛門徒的母親。而此門徒則體現了一個虔信基督徒的理想圖像。然而卻因為她在迦拿不完全的信心，使她無法與路加筆下的馬利亞相提並論。

我們在此碰觸到一個分裂的新約馬利亞圖像。後來的馬利亞學的兩個主題，即童貞女生子及十架下的現身。透過藝術性的表現，如聖嬰降世的場景與聖母抱屍痛哭的畫或雕像而被人所虔信。但它們顯然是後加的，路加與約翰對馬利亞的褒揚卻並未貶抑了抹大拉的馬利亞的重要性，她與基督教信仰的核心——復活——相關聯。

然而在路加的陳述中可觀察到一個傾向，他降低了抹大拉的馬利亞的單身身分對女性團體的益處。在原初的，主要在馬可的記載中的傳統，相對於迷戀成功的門徒，女性才是耶穌真正的跟隨者，因為她們知道彌賽亞的祕密，因為她們按照耶穌所需來服事他。服事與委身對路加而言是次要的，女性的順從與母愛，還有男性的信徒團體才佔有優位。男性的聯盟與母性一直強過單身女性。

在第一世紀，這兩個女性典範尚能被平等看待而存在於當時的教會生活中。抹大拉的馬利亞是眾聖徒之一。但當教會在以弗所大會中決定馬利亞為上帝的生育者之後，她成了民族的典範及所有對女性的期望的對象，而友誼的傳統則愈來愈被擠到邊陲，耶穌的女性朋友們因而未被納入〈使徒信經〉，抹大拉的馬利亞成為不合法的存在。在此時期也開始了對抹大拉的馬利亞的歷史及人格的嚴重扭曲。而這種扭曲一直延續到現代的藝術與文學。

這個負面的扭曲是怎麼形成的呢？

她的故事（路八）與大罪人的故事聯結在一起（路七）；她的膏油瓶讓人將她與那位膏抹耶穌的伯大尼的馬利亞（約十二）歸為同類。西方教會由這三個不相關聯的女性形象綜合成一齣罪與恩典的劇情。這個發展——誠如卡爾·昆斯特勒(Karl Künstle)所言——主要源於奧古斯丁:「因她(抹大拉的馬利亞)當時和他一樣落入感性的界域」,且成了他的安慰。

這個部分並未隨著以福音為取向的宗教改革而改變,法伯·史塔布倫希斯(Faber Stapulensis)曾提出解釋,將抹大拉的馬利亞、伯大尼的馬利亞以及大罪人三個形象區分開來,並指出其中的錯誤。但路德並未採用。對路德而言,抹大拉的馬利亞仍是罪人。這也對等於約翰·加爾文(John Calvin)的道德觀中追隨耶穌的女性所有的壞名聲。這些女性在稱義論中成了罪與恩典的典型,而她們的故事,她們與耶穌的關係以及她們在復活的歷史中所發揮的功能卻一直未被發現。一八七九年羅馬教廷的每日祈禱書中的變更至少正式地結束了惡劣的抹大拉傳統。

耶穌的「紅顏知己」的故事現在看起來又如何呢?

二　相反的故事

首先,在新約聖經中少量記載的耶穌親信及復活見證人抹大拉的馬利亞的故事，在稍後的偽經中，經過高度的幻想而蓬勃生動。所有在新約中僅點到為止的，在此都加以詳加描繪。其中三個要素被加重了：她與耶穌的親近，她在復活中所扮演的特別角色，以及與彼得的競爭。

1. 新約聖經中可以推斷出抹大拉的馬利亞與耶穌特別親近，在《腓力福音》中甚至經常提及親吻的情節。她被視為救贖主的伴侶（Gefährtin）：

> ……抹大拉的馬利亞是（救贖主的）伴侶，（基督愛）她勝過（所有的）門徒，並經常與她親嘴。其他的門徒為此感到傷心……他們對他說：「你為甚麼愛她勝過我們所有的人？」耶穌基督回答他們說：「我怎會不愛你們，像愛她一樣？」

2. 根據《馬利亞福音》，她具有某些洞見，是其他門徒所缺的。情色的聯結同時也是一種神祕的精神聯結。在《與救主的對話》（*Dialog des Erlösers*）中她不僅是耶穌完全信任的女先知，更甚而是「一位全知的女性」（eine frau, die das All kennt）。相對於被視為正教及教會傳統代言人的使徒們，她是一位著眼於精神、經驗與未來的諾斯底派信徒（die Gnostikerin）。當男性想聽取這位復活的見證人的見證詞話時，她以一種非常個人的形式展現了福音。

3. 與門徒的競爭。這在新約中使人聯想起約翰的舉止，我們將在此充分討論。在《馬利亞福音》中敍及，當門徒們在耶穌被釘十字架之後喪氣而膽顫心驚之時，馬利亞為鼓舞士氣而對他們述説主在暗中所告知的話。當彼得惱怒問道：「他真的會在暗中對一個女人説話，卻不公開地對我們説嗎？我們所有人都該掉頭來聽她的話嗎？難道他愛她比我們更多嗎？」對於這個暴怒，馬利亞悲傷地回答説：「彼得，我的弟兄，你在想些甚麼？你認為這些都是我自己從心裏憑空臆想出來的嗎？或者我在瞎編關於耶穌基督的謊話？」在這個關頭利未介入，想緩和這場爭論：「彼得，你一直是一個脾氣暴躁的人，現在我看到你就像對待敵人一樣跟這個女人爭吵。可是，如果是耶穌基督使她成為值得尊敬的人，你又是誰，竟敢這樣拒絕她？可確定的是，主完全了解她，也因此他愛她比愛我們更多。」其他的門徒都同意接受了馬利亞的教導，並且被她的話所激勵而得以出去傳道。

4. 另一個彼得與馬利亞的爭執出現在《信仰與智慧》

（*Pistis Sophia*）。彼得抱怨，馬利亞掌控了與耶穌的會談，使得彼得與其他使徒弟兄的優先權被延後。他要求耶穌命令她安靜，卻立刻遭斥責。稍後馬利亞也對耶穌坦承，她無法自在地和彼得談話，因為（按照她的話）「彼得使我躊躇不前，在他面前我感到害怕，因為他仇視女性。」耶穌回答說，不論男女，只要一直與上帝同在，就是上帝所揀選為祂說話的人。

在後來的中世紀聖徒故事中也繼續流傳著友誼傳統的蹤迹。

在這些聖徒故事中我們可以發現，女罪人的故事雖然只是歷史推展的背景，但是在聖經以及諾斯底傳統中的其他兩個要素卻愈來愈被推向中心：抹大拉的馬利亞是耶穌的親密伴侶，即使她親吻的是耶穌的腳，而不是祂的嘴。她被稱為「紅顏知己」，這是個在中世紀神祕主義常見的、卻是非正統的用詞。相對於其他門徒，她的不動搖、不逃跑以及與復活者的相遇，使她成為「使徒中的使徒」。她是深具魅力的傳道者，就像她的朋友與老師耶穌一樣，也有門徒跟隨她。她且成為法國的宣道聖徒。那些在大教會女罪人傳統邊陲所出現的佈道的女性的圖繪顯示了她的獨立自主：她在船上（如同她的朋友耶穌），在一個中世紀大教堂的講壇上，在教會裏以及在市集中佈道。特別令人印象深刻的是羅馬式的表現手法，例如在哈爾茨山的格恩洛德（Gernrode〔Harz〕）大教堂裏的墓塋上所示的，抹大拉的馬利亞乃是以威嚴的姿態，而非稍後所表現的跪拜姿態與復活者相遇。

一幅聳人聽聞的畫是我經過長期努力在呂北克（Lübeck）發現的。在一個固定住的聖壇側翼外邊，拉撒路屈膝跪在他的姊姊抹大拉的馬利亞面前，而她則封他為馬賽（Marseille）的主教。通常不會有人注意到這幅異端意味的畫，而它是早期對於拒絕女性成為神職人員的嘲諷。我猜測，在克爾特—法蘭茲（keltisch-französisch）這個有悠遠母系傳統的土地上，這樣的女性圖像才得以興旺。而初代基督教的女性傳統也在此得到發展的空間。

對於基督教最早一位獨立自主的女性的回顧，在宗教改革教會邊緣的新教運動（protestantische Bewegungen）再次出現，但絕非宗教改革本身。

這要感謝新的聖經翻譯的普及，而使得女性得以帶著驚奇的眼光閱讀抹大拉的馬利亞在新約聖經中所實際扮演的角色，進而對她產生認同。卡撻里娜．徹爾（Katharina

Zell），史特拉斯堡（Strasbourg）宗教改革家之妻，在她的丈夫死後公開發表悼文，又為她身為女性，卻像抹大拉的馬利亞那樣拋頭露面的醜聞而致歉。她還謹慎地補充：「絕沒有想要成為使徒的想法。」

在下一個世紀的貴格會（Quäkers）女信徒瑪格利特·費爾（Margaret Fell）有意識地轉向新約聖經中的女性：三位馬利亞、約亞拿和抹大拉的馬利亞：「復活的消息由她們轉傳，這消息是門徒們想得到的，但他們當時卻不在場……」重新成長的女性在教會中的發言權在聖經中找到根基。貴格會信徒約翰·羅傑斯（John Rogers）稱抹大拉的馬利亞為「復活的第一位傳道者」。

稍後在十八世紀的美國，衞理公會（Methodist Church）黑人女信徒賈瓦娜·李（Javana Lee）由轉達給婦女的基督教復活的核心教義而導出女性的佈道權。在美國教會的宗派裏，女性要求講道權的聲音一直不斷地追溯至抹大拉的馬利亞。異乎尋常的是，在這個世紀初基督教關於神職人員任職的辯論卻鮮少注意這位第一個女傳道者。有可能與此有關的女性也接受了在男性主導的教會中所通行的保羅的異象與版本。根據保羅的版本是不可能存在一位女性的復活見證人。一九七六年〈梵諦岡宣言〉（die vatikanische Deklaration）雖曾提及抹大拉的馬利亞，但卻立即壓低她所扮演的角色，認為女性只能為使徒做準備，使他們成為復活的正統見證人。

拉丁教父們透過對抹大拉的馬利亞形象的塑造所欲達成的，是想清晰描述在驅力與治死肉體之間，在淫亂與聖潔之間，在罪與恩典之間的人類生命之路。這種嘗試卻失敗了。最遲至文藝復興時期，人們終於從「女罪人」這個教會的思考模式中解放出來，但卻把她重新闡釋為性慾的對象，性的典範，附和各個時代不同的男性需求，時而成為充滿誘惑力的，時而是情緒化的或是溫婉的典型。最遲至文藝復興時期起，她除了是遭人鄙視的女罪人與娼妓外，還是魅力十足的交際花，如提其安（Tizian）所呈現的；是放蕩的情婦，如沙隆·班·眗林（Shalom Ben Chorin）今日所見，又如搖滾歌劇《萬世巨星》（*Jesus Christ Superstar*）中的溫柔的歌迷，藉著他的女治療師們及「一切都會變好，一切都會就緒」來平衡嚴酷的現實世界。以上這些詮釋成功地毀損了基督教第一位獨立女性的形象。從舊時的教會遺迹所遺留下來的，是一個「半瘋狂的女人」的印象，認為看見了復活者，如大衛·弗里得里希·史特勞斯（David Friedrich Stauß）的嘲諷，或是那今日四處可見的溫柔而完全獻身的女人，從霍以恩里西·波義爾（Heinrich Böll）到樣斯特·耶金曼（Ernst Eggimann）所期望的：

耶穌
我可以想像
你喜愛抹大拉的馬利亞
她如此美麗
周身瀰漫香氣
當你擁抱著她時
她對你的傾心如此之強烈
像——神聖之愛
我可以想像
這個夜晚
在歷史之外
超越所有的道德
解救了我們
耶穌
基督之罪
使我們得自由

耶金曼

這首詩所描繪的仍舊只是一個新的發自願望的圖像，而非整全的，聖經中的抹大拉的馬利亞。這位使我們成為上帝的朋友的耶穌的紅顏知己，嶄新地宣告上帝直接臨在的使徒中的使徒，我們如何能使她的原貌再生？

三　抹大拉的馬利亞對當代的意義

早在三十年前波義爾便曾針對「毫無溫柔的教會誡命所引致的單調枯燥」而問道：抹大拉馬利亞的神學，溫柔的神學會是甚麼樣貌？畢竟耶穌也曾碰觸過，撫摸過，親吻過人羣，並把唾液抹在他們身上。而這些對他而言都是與人相交的方式。

今日的女性則針對彼得式的、僵固的教會而提問：一個建基於抹大拉馬利亞精神的教會，一個向前邁進的，不固著而對改變開放的教會會是甚麼樣貌？

我設想這樣的教會會有以下兩個特徵：

1. 他會因那交在一位女性心中、手上、認知裏的復活的消息而受感動，並將此消息繼續傳講給其他更多的女性。

2. 所傳講的，是與上帝的親近，而非與上帝的疏離。這疏離來自門徒的罪惡感，他們在朋友遇難時背棄了他。

在昔日與今日，復活的消息是：成為你自己的樣式，你將會在世上釋放出改變的力量。抹大拉馬利亞對復活的經驗即是一例，她聽見那令人顫慄的句子：「不要碰我」。好像所有的情誼都因此斷絕了。這常被理解為他在復活之後變換了形體，成為非地球生命的光體。但那復活的耶穌卻想讓多馬碰觸他的身體，且也曾進食，使得這樣的解釋缺乏說服力。我認為這個句子較可能在揭示耶穌與抹大拉馬利亞的關係的新形式。它的前題是，她先前曾碰觸過他，而這種溝通形式在此告終。那位復活者對她展示了一個改變了的、獨立而自由的身分。這是她面對他在當下所必須體會的，而這個新的身分也與她對復活的經驗有關。在她的心中，在她的手上，在她的認知裏，一個有關於超越一切死亡經驗的消息衝擊著她的感官，她必須在當下獨力轉換這個改變，她必須將它納入她的生命，納入不會停止改變的生命，她現在必須透過身體與精神，透過經驗與認識自己去觸摸生命與未來。但在友誼中碰觸的經驗卻為她做好了裝備。

甚麼能力加添在她身上，可由一則傳說窺見一班。這是由一位耶路撒冷抹大拉教會的修道院修女所陳述的：

> 當抹大拉的馬利亞遇見了復活的耶穌，並緊急想將此事轉告門徒時，她碰見了彼拉多，並告知他這個復活神蹟。「妳如何證明？」彼拉多對她說。就在此時，有一位提著一籃蛋的女人經過，抹大拉的馬利亞抓起一枚蛋，這蛋立刻由白色變成了燦爛的紅色。

蛋是新的生命與女性生育力的象徵，它常與春天女神阿斯塔特（Astharte）聯結在一起。而在抹大拉教會裏也可發現它被放置在馬利亞手中，它象徵著生育力，指涉的不是生物上的母性生育力，而是一種能向世界釋出改變的力量的生育力。

這給我們帶來的願景是，在教會裏隱藏且潛抑於女性之內的改變與更新的力量必須被正視，並被釋放出來。而且針對具體的生活存在著一個從女性而來的特別的信息，這信息沒有任何一個男性神職人員、任何男人、任何教皇、任何國家可以奪去。而在這位第一位女使徒之後必定也存在著這樣的女性，在她們的生命中決定跟從這關乎生命的信息。

在西方羅馬的歐洲神學中，人類的基本經驗是充滿罪惡感的與上帝的分離。據我看，在耶穌的故事中，男人與女人便有了不一樣的經驗，而發展出對罪不一樣的理解。門徒在耶穌被捕時逃跑了，這個罪惡感烙印在他們與耶穌的關係中。同樣的，保羅的神學也受到耶穌被他所迫害的罪惡感所影響，女性相對的卻開展了不一樣的經驗，她們一直停留在他的周圍，直到十字架之下，即使這樣的舉動會招致逮捕及生命危險。而對於死去被埋葬的耶穌，她們也未曾棄之不顧。

親近、關愛、彼此扶持一直是她們與耶穌的關係的特色。而抹大拉的馬利亞作為個體與女性團體的領導者便是一個呈現另一種態度的例子，包括親嘴與溫柔的行為舉止在內，這些親近的，稍後甚至被形容為親密的關係，使她被稱為以甜蜜言語佈道的耶穌的紅顏知己。

我們在這裏討論了不相同的上帝經驗，可惜的是，其中只有罪及疏離影響了我們的神學與教會，與上帝親近的經驗在神祕主義神學與社會心理神學中被保留下來，卻鮮少對主流的教會文化造成影響。在這種疏離的神學的主導下產生了兩個不幸的後果，我們至今仍深受其害：

其一是，罪做為對上帝最基本的反動，轉移到性，也就是人類的身體上。

其二是，人的身體成為必須受控制的人性的表徵。

今日女性正在嘗試著重做連結，並更新身體被貶低的歷史。上帝道成肉身的要義要透過女性的身體重新掌握，而在人類的共同生活當中重新給予性一個重要的位置。

抹大拉馬利亞的形象與歷史呈現給我們一個人類圖像，在其中人與上帝的親近是沒有裂隙的。藉著這樣的圖像，人類可以重新歸回自身的創造力量，而讓教會得以更新。這樣的教會不是建立在順從的信徒之上，而是能為自己及其身體負責的成熟的人類。

3

何者在先？罪或祝福？*

* 本文為莫特曼—溫德的未刊稿。

一　原罪是洗禮的前提

在西方傳統基督教世界中，洗禮被視為與原罪（Erbsünde）有密切的關聯，透過洗禮人可以脫離原罪得到自由。信義宗的〈奧斯堡信條〉（Augsburg Confession）是如此說的：

> 接下來我們將被教導：在亞當犯罪之後，所有自然生成的人都在罪中受胎，且在罪中降世，也就是說，人在母腹中即充滿了邪惡的慾望與喜好，並不真正敬畏上帝，也無法自然產生真正的上帝信仰。而這天生的病疫及原罪是真正的罪，且在上帝永恆的震

怒下受咒詛，若不透過洗禮與聖靈便無法重生。
因此，那些伯拉糾派人士和其他人是該受詛咒的，他們不把原罪當作罪，並認為透過天然的能力能使本性得以敬虔，使基督的受苦和功勞蒙羞。
原罪是真正的罪，不僅僅只是一個錯誤或殘缺，這個罪使亞當的後代受咒詛並永遠與上帝分離。耶穌基督來，擔當了我們所有的罪，成了他自己的罪，並為此受苦，做足工價，以至於這罪被完全撤消，正如詩篇五十篇與羅馬書五章對這罪所做的描述。[1]

〈小教義問答〉(Shorter Catechism)如此解釋洗禮的意涵：

洗禮的作用為何？
它使罪人得赦免，從死亡及撒旦的轄制下得釋放，賜與所有相信它如相信上帝話語與應許的人永恆的福分。[2]

宗教改革的神學起始於一個實質上是虛無主義(nihilistisch)的人類圖像：人既不敬畏也不相信上帝，心中甚且充滿了邪情私慾。這看起來像是一個不能被社會化的罪犯的嘴臉。他的出生，因著他天生的缺欠，不敬畏也不相信上帝，使他不僅成為空的容皿，還因為他天然的本性而裝滿了邪情私慾。

凡是基督信仰所宣告的：蒙赦免、得釋放、承受永遠的福分都與這樣的人無緣——惟有透過能使他重生的洗禮，也就是一個新的身分，他才能得到。這罪犯雖蒙赦免，但仍是嫌疑犯。而他所居住的世界，想當然爾，評價是負面而可怖的，承受上帝永遠的震怒。

這種黑色的人觀與世界觀隨著時間的進展漸漸式微，卻仍時而可見。在神學著作中可見如下的書寫：人喪失了生命，人類是墮落的受造，人自取滅亡等等。

對於「伯拉糾派人士」的詆毀，在今天也站不住腳。他們的名字可追溯到愛爾蘭的修道士伯拉糾（Pelagius）。伯拉糾從愛爾蘭—凱爾特（keltisch-irisch）的創生性靈（Schöpfungs-Spiritualität）出發，他以深植在罪人身上的天然聖潔性來反對原罪。[3]

在天主教的洗禮傳統中，原罪也佔有一席之地。在天主教一九八五年的《成人教義問答》（*Katholischer Erwachsenenkatechismus*）中如此記載：

> 洗禮清洗我們的罪，使我們潔淨。它將我們從罪的權勢下所有人類災難性的共同命運解救出來，並使我們脫離原罪及至今曾發生過的罪而得到自由。洗禮的積極詮釋是重生而得到新的生命……它使我們稱義，讓我們得以成聖，賜予我們聖靈的恩賜並賜下得以成聖的恩典。新生命的表現是信、望、愛，這也是透過洗禮澆灌在我們身上。[4]

一九七六年在德國天主教教區的宗教會議上也有相似的陳述：

> 受洗者重生進入新的生命是透過水作為創造之象徵，以及口稱三一真神來標明，且也在此由上帝而來的印記中被增強。而原罪，全體人類災難性的共同命運，人自身無法解決的遠離上帝的過犯，將在代表潔淨的水中得到釋放。[5]

二　原罪論的社會影響

原罪這個字雖然在今日被賦予新的意涵，例如，在過犯中並遠離上帝之人類的共同命運，或者是邪惡的勢力，透過洗禮被上帝所釋放（《基督教成人教義問答》〔*Evangelischer Erwachsenenkatechismus*〕）。但是那溯源於教父奧古斯丁的原罪論所帶來的嚴重後果仍然時而可見，例如西元四一八年迦太基大公會議（Konzil von Karthago）宣稱未受洗禮的孩童將受咒詛，這種說法所引發的恐懼感直到二十世紀仍然存在。而對於性的負面評價也可追溯至原罪論，它牽累女性——女性被認為是屬肉體，而男性屬精神——並將性與罪連結在一起。對產後母親施予祝福，許多教會至今仍行禮如儀，也同樣根源於這樣的看法：母親因性交、懷孕及生產所帶來的不潔應當被潔淨。那特別常見於教養院，帶來無數殘酷事實的「原罪教育學」直至今日才重新被揭露。那裏儼然是對抗世襲而來的淫亂的兵家必爭之地。[6]

即使今日教會的洗禮施行似乎已脫離這樣的罪觀，但檢視這項傳統較清晰呈現所在的教會詩歌、禮拜儀式、聖餐與證道是勢在必行的，若非如此便很難有一個新的開始。想掃除承自傳統的不恰當洗禮觀，卻不去處理它，將不會帶來新的力量。

研究奧古斯丁的學者耶萊娜·帕格爾斯（Elaine

Pagels）在有關原罪的研究後做了這樣的結論：奧古斯丁的跟隨者可能做對的事是：「在他們崇敬的對象和他們在歐洲基督教思想史獨特的主導地位中加入了一種批判性的、相對化的新評價。」[7]

質疑原罪的人通常會被懷疑是自由派（liberal），也就是說，信仰較少建立在聖經、罪以及經歷上帝的傳統基礎上。但是，只要看看奧古斯丁出名的反對者——那位在羅馬佈道、每位神學生都會學到將他歸類為異端的英國人伯拉糾，他呈現了另一種觀點：伯拉糾從未教導人類能夠不透過上帝恩典的幫助而得蒙拯救。他也從未否認罪與邪惡。他傾向支持這樣的性靈：人類的心靈深處藏有上帝的形象，而上帝的靈也顯現在被造萬物之上，雖被罪所遮蓋，但從未被彌除——如奧古斯丁所理解。

如果伯拉糾曾算是基督教道德倫理的宣揚者，那麼他的教誨就會重現於今日愛爾蘭—凱爾特的敬虔傳統中，這個傳統明顯有別於羅馬所發展出的神學傳統。他承繼了凱爾特的民族傳統，傾向宇宙性的信仰，在萬物中看見上帝的形象。耶穌的生與死不再被視為是贖罪犧牲，而是獻身。透過獻身，耶穌將上帝以及人類被掩藏的真我顯現出來。這樣的性靈可溯源於智慧神學與約翰的神學。

今日在基督教界重新得到重視的：如被遺忘的地球，整全的人，成長的語言，上帝的奧祕等等——這在西元五百年的凱爾特敬虔傳統中便已存在，卻被羅馬扼止。「羅馬發言，眾口噤聲」(*Roma locuta, causa finita*)，這句俗語早在伯拉糾的審判訴訟中便已露出端倪。歐洲就此做了最終的決定：人被分成兩半，具有較好的心靈與一俱不可靠的軀體。大地不再承載上帝的奧祕，她被忽略了。惟有透過基督贖罪之死才能使世界恢復秩序——理所當然需仰賴教會與國家的協助，他們負有管制邪惡驅力的責任。

今日我們所當做的，是辨識這種羅馬式模式所帶來的遠離上帝與所帶來的荒謬，採納直至羅馬興盛發展的凱爾特敬虔傳統所留下的歷史蹤迹，為現今飽受威脅的地球以及內外分裂的人類帶來新的轉變的契機。

三　不是原罪，是初始的祝福

東正教(die orthodoxe Kirche)絕大多數的神學家拒絕採信這種西方的、源自奧古斯丁的原罪論。但也有為數可數的西方神學家對此提出批判。最強烈的反對意見之一來自從前的多明尼加（Dominica）修士馬太·佛克斯（Matthew Fox）的著作：《初始的祝福》（*Original Blessing*）。[8] 他以「初始的祝福」取代「初始的罪」（原罪），並指出，這個聖經取向在基督教界已幾乎被遺忘。大部分的基督徒可能聽説過原罪，但從未得聞，祝福在創造之初便與造物同在。一個被墮落與拯救所窄化的神學使我們遺忘了祝福與創造，也同時失落了源自創造神學的能量與責任。這並不意謂著我們要將罪從世界擦除，而是，我們不能將一個破裂肢解的世界單單視為有罪的受造而居住其上，它應是被祝福的對象。

對於這樣強而有力且原初的神學有許多錯落不一的聲音：

新約學者黑爾貝爾特·哈格（Herbert Haag）這樣寫著：

> 沒有人降世即是罪人。他既按照上帝的形象被造，在被造的第一時間起即被上帝之愛所環繞……由此可知，他並非降世之始即與上帝為敵，成為可怒之子。一個人要成為罪人，惟有透過他本人需承擔責任的作為。[9]

「原罪」之於猶太神學是陌生的（威瑟〔Elie Wiesel〕）。[10]

問題是，西方基督教世界是否太常置身原罪神學的影響之下，而甚少意識到恩福神學（Segungstheologie）所能帶出的力量？不再將自己歸類為宰制者、蓄奴者、承續父權者，他或許可以重新發現他對大地、對動物、對身體負有責任，以作為政治任務；不再心懷罪惡感，他或許可以感受到自由與享受，而致力於建造地球上的生命及其相互間的關係。

恩福作為每一個生命的初始上帝無條件的賜與，包含他的全人，肉體與靈魂、精神與身體。恩福意謂著拯救與治愈，且指向和平及公義，是全體受造終有一天要達成的目標。

這樣的恩福使洗禮有了新的亮光：它不再是洗除人的原罪，而是認肯人類降世之初即存在的恩福，並將它所帶出的力量在教會中釋放出來。[11]

四　論生育的奇迹

另有一個想法或許在今天有助於對洗禮提供一個新

的理解：對降生的奇迹或出生奇迹的思考。這想法源自何處呢？

西方神學不僅影響教會，致使降生一直受到靈裏重生的影響，它也影響了西方的思想，顯現出來的是對降生或出生缺乏興趣，而對死亡律、死亡及人類的必死性賦予較多的關注。

降生觀念出現之處，多數都與談論死亡有直接的相關，標示著一生的年歲是被賜予且有終點，所確認的生命觀是有限的、「過渡的」（卡爾·巴特〔Karl Barth〕）、或者有限制的。例如巴特就描寫「出世以降日趨減弱的生命力」以及「對於自身的死興趣漸增」的人類，這就等同於清楚描述了基督教神學思想中充滿悲劇意味的動力論（Dynamik）。

這個廣泛流傳的悲劇式歐洲動力論現被漢娜·阿倫特（Hannah Arendt）對於創生性—生育性（Natalität-Geburtlichkeit）的觀點所突破。對於人類的出生重做詮釋是違反傳統的，因為所有與生育相關的一切，在傳統上都被歸類在自然與女性的領域，這主題最好視而不見，它與血、不潔淨以及「為女人所生」同歸一類，是被丟棄的部分，或者——阿倫特所認為的重點——它是屬於「被拋棄的宿命思想」，為海德格（Martin Heidegger）所維護，為阿倫特所摒除。

那麼，創生性—生育性實際上的意義究竟是甚麼呢？我想在此提出四點神學思考：

1. 我們首先以降生作為思考的起點，它意謂著生命的奇迹、魔法、與驚奇的開始，它無法估算，不可預見。這個奇迹伴隨著每一個人進入生命。這樣一個新的開始隨著每一個人來到世間，中斷事務的例行走向，並超脫了在所有事物中皆埋下了種籽的死亡。[12]

這個無法預見的、令人驚奇的奇迹指向了獨特性，使曾經存在的、現在活著的，以及將來要出生的與他人產生區別。每一個人都以他的獨特性在世間出現一次，透過這樣的獨特性使上帝在世間的創造之工不斷出現且得到證實。[13] 新的開始透過行動而成。被生出這個赤裸裸的事實要成為真實卻必須透過說話與行動，這等同於第二次降生。人經此而負起他被出生在世的責任。在阿倫特的觀念裏，創生性正是政治行動的根據。

2. 對阿倫特而言，這樣的思想溯源自奧古斯丁，卻是早期的奧古斯丁。她從奧古斯丁的著作中擷取出有關創造的思想：「人被造成，前此無人如他，是謂新造」。[14] 透過創造人，成就了一個生命存在的開始，而這生命本身也具備了同樣的能力，能夠創造開始。在此引出了開始的原則，在上帝創世之初這原則也曾同樣握在祂的手中，也就是說，祂曾存在世界之外，同時存在世界之內，而只要人類存在的一天，它將永遠伴隨。自由藉此伴隨著人類產生了。

3. 阿倫特也將她對於創生性的思考緊扣在耶穌的故事之上。耶穌對她而言是一個被生下的人——這想法得自於約翰·彼得·黑伯爾（Johann Peter Hebel）的一個啟發。有別於舊世界的宗教，她在基督教中看到了今世被提升到無比重要的位置。對她而言，要緊的是不死與無終（永生）的盼望，而這盼望自出生起始。個體生命的不死成了信仰的中心主旨。而世間的生命則是人類最珍貴的財物。她的政治反思以積極的生命（Vita activa）作為終結，附帶了一個以基督為中心的句子：「如果想表達人可以信任這個世界，並為她懷抱希望的想法，最貼切、最美的莫過於在聖誕歌劇中那大喜的消息所宣告的：『有一嬰孩為我們而生。』」[15]

4. 讓我們跟隨著阿倫特，從出生開始思考，在這個脈絡中會自然導引出對因出生而存在的人的身體的興趣。這興趣不能因著強調它為「受造物」，亦即因著對上帝的依賴性，以及看見它的終局而枯竭，而應當看見的是它的豐富的面向，它的發展階段及它疏異的表現型式。不去申明伴隨降生而啟動的生物性的日趨頹敗，我們可以在每個活著的時刻發現它的某些奇迹、它不斷出現的新的開始以及屬於它的驚喜。最後，經由創生性也使女性身體得到了新的意涵，而這是阿倫特尚未關注的部分。

在宗教改革對人的定義中，人所能得到的積極的生活可能少而可憐，根據這樣的定義，人是空虛的、被動的，隨時被邪惡的慾望所佔滿，被視為一個羣體而無個別性。有別於此，在這裏每一個人都是一個奇迹，是獨一無二的，為了創造的自由而被造，而伴隨他的出生而存在的是盼望、信任、愛與責任，並會不斷更新。在阿倫特那裏我們也會一再發現對於出生為人的感謝之情。

依我個人的見解，她的「不停歌頌出生的奇迹」（語出：茱莉亞·克里斯蒂娃〔Julia Kristeva〕）是一個啟發，使洗禮的意義被理解為對出生的重新體驗，而得以從西方基督教的憂鬱氛圍中脫身。[16]

4

女性主義稱義論*

* 本篇論文更早的版本發表在 *Evangelische Theologie* 65(2000): 348~359。

一　現代人的稱義論

「稱義論」這個詞長久以來是隸屬於信義宗的專有名詞，今日卻是人人朗朗上口。透過它，基督信仰下的天主教與信義宗應該可以找到共同的基礎，並且應該可以消弭十六世紀天特大公會議（The Council of Trent）的判決以及信義宗信條的詛咒。然而其過程卻是艱辛的，神學上的差異無法快速解決：甚麼是罪？人如何參與救贖？在一九九九年十月三十一日，也就是宗教改革當天，在奧斯堡（Augsburg）簽署了一個〈信義宗世界聯盟與天主教教會共同公開確認書〉（Gemeinsame offizielle Feststellung des Lutherischen Weltbundes und der Katholischen Kirche）。起初，它牽涉到的是教會內部的政治過程。雖然如此，它的內涵還是曾被外界討論過。

我想提出的問題是，這份文件對於平信徒的意義是甚麼？在「確認書」中所使用的語言是神學性的抽象用語，甚少能觸及人的實際經驗。雖然主事者允諾「將來會將稱義論的文件轉寫成現代人可以理解的語言」，然而，實際上在進行討論時，使用的仍是專業語言。我自問，究竟可不可能存在思考與說話兩個層次，也就是神學的層次與人的日常生活層次？如果在開頭對於稱義的討論也能夠使用現代人的日常語言與形式，也就是說，將上帝無條件的愛的福音帶入我們的日常生活中，這樣是否較有助益？將這福音與各式各樣的團體，如女人、男人、工人、經理人、老年人、青年人、天主教徒、基督教徒等等共同討論，共同塑造，這也不是不可能的事。

二十年來女性團體就是在這樣的形式下推動女性神學。她們提問，上帝無條件的愛要怎樣落實在女人、家庭主婦、職業婦女、老年人、青年人、被虐者、病人、沮喪的人、失業的人的日常生活中。許多女性神學家至今仍努力嘗試著將難以理解的神學重新詮釋：對於既不驕傲也不自大的人而言，罪的涵意是甚麼？甚麼是聖靈，如果祂不再只是三一中的第三位？我如何體會上帝？還有三一的觀念究竟能告訴我甚麼？

對我而言，這個問題在今日意謂著：我如何將神學的中心主旨在女性的理解範疇內轉譯出來？而這個我一向認為的中心主旨——稱義論——即上帝無條件的愛的福音。所以我想以一個女性神學家的身分提出這個問題：女性神學的稱義論是否存在？

對於這個問題的回應是可以預見的：其中之一會這樣回答：絕無可能！稱義——對罪人施恩與女性主義主張的自我實現是風馬牛不相干的。

另一方面，女性團體會這樣聲稱：一則出自十六世紀蒙塵的法律教條與西元第三個千年的女性解放運動有何相干？

稱義論至今確實甚少引起女性的關注。在一九九一年版的《女性神學字典》（*Wörterbuch Feministische Theologie*）中並未出現任何題材，然而在一九九六年美國版的《女性神學字典》（*Dictionary of Feminist Theologies*）卻出現了一則由艾爾莎．沓莫士（Elsa Tamez）針對稱義所做的解放神學的詮釋。露西亞．薛爾茲貝爾格（Lucia Scherzberg）是首先提及德國甚少關注此議題的天主教女神學家，她認為原因是「自七十年代以來對稱義論普遍缺乏興趣」。[1] 對我而言，最重要的原因卻是早在一九八〇年由美裔猶太女神學家尤蒂絲·普拉斯科（Judith Plaskow）對它所提出的批評。在她的升等論文《性、罪與恩典》（*Sex, Sin and Grace: Women's Experience and the Theologies of Reinhold Niebuhr and Paul Tillich*）中她探究田立克（Paul Tillich）與尼布爾（Reinhold Niebuhr）的稱義論，並指出——與稍早由瓦樂莉·賽葳·歌絲黛（Valerie Saiving Goldstein）所做的研究結論相同——女性的罪並非源自驕傲，正好相反，而稱義論在現代的脈絡中也不適用於回應女性的罪。[2] 普拉斯科在當時並未完全放棄對這個主題的興趣，她這樣寫著：「或許稱義論的內容應該是，看見人無法成為自我，而開啟了一個自我實現之道……或許我們必須更偏向伯拉糾一些，才能使女性的經驗得到公平的對待。」

在一九八三至一九八五年間我承續了這個嘗試，因為在我看來，稱義蘊含了一個對女性特別重要的信息，就是女性可以在上帝面前了解自己是良善的、整全的、美麗的。[3] 這些陳述多年來大多得到正面的回應，強調這些主題，無可避免地也引來教會主導的神學以及激進派女性神學家們的反對聲浪。[4] 十二年之後瑪大蓮娜·芙雷特勒（Magdalene Frettlöh）又再次提出這個議題。[5] 對她而言，這個信息，就我從她的著作中所讀到的，既與「悲觀的路德—奧古斯丁式人論」（pessimistischen lutherisch-augustinistischen Anthropologie）相衝突，也與許多女性的自我經驗不相符。相對於「整全」，她寧可強調生命不完全的特質，而因信稱義也不再被視為是反對原始猶太精神的產出，她嘗試將因信稱義詮釋為「與以色列一同承受祝福」。

鑒於信義宗神學中持續存在的反猶主義，這個主題在當前的討論卻遺漏了我的特殊興趣：重新掌握稱義的內涵，將之視為使人痊愈的信仰觀以對抗女性的生存恐懼。我希望再次深化我的觀點，並且釐清它和宗教改革的立場與當今信義宗的立場之間必然的差異。

我的進路是人論，並且會稍微觸及上帝問題。但是，背景自然是一種女性主義的基督論，它不像十六世紀的稱義論那般是由耶穌的代贖之死所定調，而是透過耶穌的生命、醫治、赦免，透過他的犧牲以致於死以及在復活中的出死入生。這乃是在自己的生命中去發現救贖、犧牲和更新變化的前提。

在此，對我而言重要的是：彌除女性神學中既存的、對於系統觀點的輕忽，並且在與傳統的對話過程中釐清本身的立場。

二　傳統稱義論的問題

首先我要再一次針對傳統的稱義論提出問題。

在霍義西(Karl Heussi)的《教會史提綱》(*Kompendium der Kirchengeschichte*)說到：「路德在一五一一年到一五一二年間透過努力的研究而獲致他的宗教基本見解。對於羅馬書一章17節，他獲得這樣的確信：聖經中『神的義』的概念並不是意謂著審判人、處罰人的上帝的忿怒，而是上帝的憐憫和愛，這憐憫和愛是上帝的恩賜，使得罪人能夠相信他並信靠他。」[6]

雲格爾(Eberhard Jüngel)以現代語言對神的義的意義做如下的詮釋：「我們無須透過任何道德努力，無須付出任何代價，只需單單透過我們對上帝的恩典的信賴，便能被接納，並且一次被接納，永遠被接納。」[7]

對於獲得自己神學經驗的女性而言，這說法中有三點是陌生的：

其一是，以審判與懲罰的上帝之怒作為主要角色。

其二是，對於罪人的一般說辭，他因著對上帝的相信與信靠而罪得赦免。

其三是，惟一存在於上帝與人之間的關係是直線式的，而無須與社會現實產生聯繫與網絡。

這個以男性的語言及模式所作出的神學陳述，女性是否能夠真正理解？

上帝的形象、對罪的理解以及在信仰的陳述中缺乏社會網絡，這些都還能被改變嗎？

接下來我想逐一探討這些問題：

1. 在傳統的稱義論中，位於中心的上帝圖像，是一個施予懲罰與審判的上帝，在祂面前，人永遠無法達到標準，於是人要顫驚恐懼地問道：我如何才能得到一位充滿恩典的上帝？

依據克勞斯—彼得·瓊斯（Klaus-Peter Jörns）的一項研究，人們今日已不再被一位恩典的上帝所觸動，而是尋索一個伙伴式的上帝圖像，這位上帝可以在日常生活中與他同行。[8] 雲格爾提及，即使是知悉傳統的信徒，在他所認知的上帝圖像中也包含著上帝的多種面貌。人對「上帝永不改變的信實有著極深的信任，以致在祈禱中祂一直是可以信靠的談話對象。」人所期望的是能夠透過上帝的幫助，過有意義的生活，且能夠與他人維持良好的關係。

同樣的，女性也在從事女性神學研究的長期經驗中發現，在上帝的多種面貌中，有一個基本的面向是親近與關注：上帝是母親，上帝是女人、愛人、女友；上帝是女烘培師，是母鷹，祂對人施予保護、建造與維護。人對上帝的理解絕非侷限於單一位格，而是如宇宙般寬廣（上帝在受造之中），在不可思議的近處（上帝在我之內），祂也是關係中的力量，意思是，祂是那在人與人之間可以經驗到的力量。上帝不僅是男人，上帝也是女人——是女神，是智慧，祂是人們渴慕的對象：愛、安全感，一個寬闊的空間。

重點是，神不再使人感到懼怕。愛超越了一切，而愛消解了所有的要求。艾莉絲·渥爾克（Alice Walker）從非裔美國人的女性神學中為我們提出這種上帝圖像的例子，她讓素格（Shug）及采莉（Celie）這樣對話：

> 當我們感受到上帝愛我們，我們就會去做所有我們感到有趣且能討祂喜悅的事。
>
> 你是不是想說，上帝愛你們，即便你們從未為祂做

過任何事？我的意思是，從不上教堂，從不參加詩班，也從不為傳道人備餐？如果上帝愛我們，采莉，那麼這些我都不需要做，除非我願意。有千萬事是我可以做的，若我相信那是上帝所喜悅的。你認為如何？我問。

她回答，那麼我就可以安心縮手，靜觀萬物，享受幸福，感受美好。[9]

上帝的意志與人的興趣可以互相融合，上帝與幸福不再相互敵對，這對宗教改革神學而言是陌生的連結。

2. 在這位稱義論下的上帝面前站立著一位罪人，他永遠無法與上帝的恩典相稱。套用現代神學的表達方式，他「失落了自己的生命」。被界定出來的罪行目錄表相當龐大，現代神學在這點上也無太大改變，它使人在上帝面前毫無希望且軟弱無力。罪是信義宗神學的中心旨趣——早在多年前，當北易北河（Nordelbisch）地區的主教面對女性神學想隱沒罪的概念的意圖時，即提出如此陳述。

然而，女性神學絕對沒有隱沒罪。她們只是拒絕至今仍然主宰教會、聖餐禮拜和神學的整體性、普世性的罪觀。研究顯示，男性和女性之間有截然不同的罪。想像上帝一樣——那種通行的對罪的定義——並不是女性的問題，研究已經顯示了這一點。對她們而言，她們的問題正和這個定義相反：使得她們和她們的創造者上帝隔離的，乃是她們使自己變得微小、不顯眼，並且不願她們的聲音被聽見。

然而，稱義論卻奠基於〈奧斯堡信條〉的罪觀，而那正是原罪論的教義。根據原罪論的教義，所有人「在母腹裏便充滿了邪情私慾」，若不透過洗禮和聖靈的重生，便會「受詛咒遭受永恆的上帝的忿怒。」[10]

不僅是女性，許多人也同樣拒絕這種來自奧古斯丁，卻不具聖經基礎的原罪理論。[11] 雖然有些女性神學家，如魯耶特，她在原罪中重新發現性別主義：「我們都是性別主義原罪觀的產物」，因而讓這個宿命的人性觀得有一些存在空間。但對大多數致力於女性神學的女性而言，這個對人的可能性與能力所做的籠統且概括的評斷卻與她們對上帝的良善與可親並不相符應。除此之外，根據奧古斯丁對罪的理解顯現在對身體的鄙視上，這罪觀最終必會轉移到人的軀體上，而與古早基督信仰傳統中夏娃的故事相連結而遭貶抑，使教會對身體與性的控制需求得到出路。[12]

基督教的人論據此仍持守著這個長期以來為現代人論學者所質疑的思考模式。依照現今的理解，性驅力（Sexualtrieb）已不再是聚焦中心，關注的目光已轉向其他眾多創造的驅力。[13] 其他的研究顯示，適度關照童年早期對於讚賞與自主的渴求可以預防破壞力強大的自戀症。[14] 神學傳統中人論的絕望感早應轉換其他的觀點，而非繼續將它推向普世，使它永遠通行。

雖然罪在女性神學中仍首要地被理解為結構性的罪，但對我而言重要的是，罪也應被視為是個人性的，如此才不致於失去人格的、個體的神學觀點。[15]

3. 正如同解放神學，女性神學也建基於女性的社會經驗，她看見來自人的社會背景所產生的衝突。她不是建基在一個通行的、因此也是抽象的人觀，她所抱持的是一個實際的人觀，透過種族、階級、性別的印鑄而呈現不同的面貌。

現今世界各地的女性，其存在情境給人的印象是，女性仍遭受暴力、經濟上與男性不平等、在政治決策上參與不足，而她的身體至今在世界各地仍被剝削、濫用，被懼怕、被忽視。這些經驗影響著她的上帝觀，她的神學，以及她被上帝治愈的經驗的渴望。若無視於所從出的社會脈絡，所有有關人與上帝的講論都將會黯然失色。

三　新的進路

原初稱義論的內涵如何缺乏生命，無力將人從生之焦慮中解放出來，這是我在八〇年代知覺到的，當時我在一羣女神學家中注意到，縱使身為女神學家也很難做到的，是知道自己被上帝所接納。她們已習慣以負面的角度看待自己，專注在她們的錯誤、她們的缺點、她們不討人喜歡的特質上，而女性神學的主張，即她是被壓抑的，是父權結構下的犧牲者，她的自我被扭曲、被剽竊等，更加使她的眼光黯淡。

無人仔細考慮過，自我接納在今日對女性的意義是甚麼。沒有人能真正地自我接納，包括皮膚、頭髮；包括內在、外在，包括看來是好的、壞的。這些都被撇在門外，女性學到的是如何忽略自己：她的錯誤、她的情緒、她不被期待的行為舉措，這種種使她不被喜愛。她從未將她的「弱點」轉化為「優點」。她靜坐在那裏，等著受批評，準備好受人品評，並形塑出適應良好的人格，但她深層的內在卻從未被碰觸到。這使我立即聯想起遺忘許久的漢斯·約阿辛·伊萬（Hans Joachim Iwands）在哥廷根路德講座（Göttinger Luthervorlesungen）上所說的話：他提到罪人之美，因他為上帝所愛：「罪人是美麗的，因為他們被愛」，[16] 提到我們的「良善」，這良善來自於上帝，並使我們所做的也成為良善：「……我們的良善，更貼切地說是上帝的良善使我們和我們的行為良善。」[17]

宗教改革神學的進路與當今在女性主義、心理學及自然科學中出現的關於人的整全性的觀點結合，它脫離了精神和肉體對立的二元論思想（dichotomische Vorstellungen）。因此，我將這些想法綜述為如下的句子：「我是良善的，我是整全的，我是美好的。」當然，稱義論可以有其他不同的陳述方式，它在今日必定也能發揮許多神學功用。但我卻寧可將它理解為：在上帝廣博的公義的前提下，能夠治療存在焦慮的信仰觀點。因此我要扣結青年路德早期稱義觀中兩個含富治療意味的圖像：人的良善與人的美麗。針對現代人支解破碎的經驗，我提出「整全」這個有助益的概念來取代在我看來是反聖經的、悲觀的神學人論。

在此我們可以重新審視對伯拉糾主義的懼怕：它根源於顯然消極的人論，它在今日應當被一個實際的、與人的社會脈絡相關的觀點所取代。其後人的拯救與治愈也應當不僅被理解為個人性的，而需考量他是女人、男人或孩童的社會脈絡。所以他的良善包含了他一她的自身，以及他的一她的世界。他一她可以是良善的，如果提供給他一她的生命模式是良善的，且在其中能夠看見上帝的良善。因此，這裏不僅關係到個人的拯救與參與，也關係到在結構的治療上並肩合作，是人與上帝合力形塑世界。

接下來我要將這些相關的上下文從其源頭及其當前的脈絡再做澄清。

A. 我是良善的

我認為，宗教改革的稱義論的核心在於路德的句子：「……我們的行為不能使我們良善，而是我們的良善，更貼切地說是上帝的良善使我們和我們的行為良善。」

教會中關於人為罪人的說法長期以來遮蔽了關於人在上帝面前是良善的、公義的信息。在皆為罪人的全體基督教界，那使我們良善並使我們能良善地行動的醫治性應許已經轉移到治療中。然而，男女兩性都需要關於上帝的空間的知識，在上帝的空間中，汲汲營營和講求績效是沒有意義的。

但是在女性的經驗中，自身的經驗與上帝的應允之間的矛盾是驚人地清晰可見。讓我們來看女性的歷史：女性應該是良善的，而成為良善的孩童，使得女性在幼年時期便獲得社會的認可而心安理得。好孩子一定會成為好女人，尤其是好母親。到今天為止，這是給女性的最高認可。然而，無論如何，「成為」是個不符實際的表述，她們必須停滯在一個童稚的、無侵略性的良好狀態中，這才能保證，這位好母親能夠盡其所能地配合丈夫和小孩的需求。可是，通常的結果是：女性在面對這些挑戰時未曾覺得自己夠好，也未曾覺得自己是正確的。

對女性基督徒而言，除了對家人的愛之外，還有對鄰舍之愛，這更使得好表現的壓力倍增。

男孩的社會化的情況是完全不同的：他們必須很快地脫離母親，在男性的績效文化中，他們必須適應另一種績效文化，在其中，被看重的是能力多於良善。

女性的良善多數存在超我（Über-Ich）層次，是一個無法達成的理想。對許多女性而言，罪惡感是較貼切的感受。根據一位都市精神病院的心理學家所做的研究，「罪惡感是女性的存在的基本感受」。女性相較於男性更長於道歉，所有的壞事首先都要歸罪自己。美國心理學家南西·芙萊迪（Nancy Friday）指出，女性若對那深度內化的對於良善的理解感到失敗，就常會認為自己的女性角色是失敗的。在自責與自我過度要求之間形成一個無法解開的循環，而它會被繼續傳遞給下一代的女兒們及其他的女性。[18]

對我而言，「我是良善的」是要走出這個受他者描模的惡性循環，並按自己的樣式，體驗到自己是良善的，是正確的。為此我們需要一個上帝之愛的概念，讓孩童感覺到他是無條件被愛的，無論他是美麗的、醜陋的、聰穎的、愚笨的。弗洛姆（Erich Fromm）區分了父親之愛，它提出要求；以及母親之愛，它給予信任：「那被生下的是好的」，並賜予存活所需的愛。[19] 或者如那黑人女性渥爾克對這信任的描述，人常打破了頭都無法理解上帝，但「當我們感受到上帝愛我們，我們就會去做所有我們感到有趣且能討祂喜悅的事。」

上帝與享樂——多麼精彩的連結——恰恰對應於女性基督徒與男性基督徒，這使得上帝的意志與他們的意志（多半是相反的）得到連結。

當路德提及這使我們在行為良善前便成為良善的上

帝無條件的愛時，它多少也知覺到弗洛姆所說的母性的上帝之愛。因為只有好樹才能結出好果子。人若知悉在這愛中它的所有感官與全人是被接納且被愛的，就是活在良善的生命疆域，並會將此良善及成為良善的經驗繼續傳遞下去。

以色列民族出走，為要尋找流奶與蜜之地，在那裏有舒適與享受。耶穌來，重新教導世人相信這位母性的阿爸父。

在現代稱義論中，接納是一個中心概念——主要是透過田立克：人格的暗影（der Schatten der Persönlichkeit），也就是較低下的，使人產生分裂的部分，應當被整合起來。然而這樣的觀點足夠嗎？或許在今日較要緊的是，將屬於人那充滿慾趣、向來不被信任的部分重新放在台前，而使它在一個母性的、整全的、由慾趣主導的上帝圖像中重新復蘇。

B. 我是整全的

整全的觀點在尚未超越精神與肉體、身體與靈魂的二元論的歐洲神學中並沒有任何的地位。從這種對抗整全性的二元論思想中產生的辯論——這種辯論也可見於女性神學——經常隨意潦草地提出論據，所對抗的是一種僵化的整全性的觀點，卻未能掌握與之相連的動力。羅絲·奧斯蓮德（Rose Ausländer）貼切地表達了對於今天所指的這種整全性的弔詭：「遍體鱗傷，卻完好無缺」。在整全概念的背後並不潛藏著追求完美的幻想，整全性追求的不是一個幻象，而卻是一個合理的異象，想要彌除歐洲思想的分裂。這是一個在迷戀罪責文化、殘缺不全和失意消沉的世界中的抗爭性概念。整全概念現今可見於各式不同的脈絡中：替補醫學（alternative Medizin）、自然哲學、女性歷史以及聖經的思想。我希望簡略討論最後兩個脈絡。

自十九世紀以降，整全觀點便出現於女性文學中，那時女性脫離本身狹窄的圈子和女性角色，她們不僅尋求新的女性角色，而且也尋求一種文化，正如福祿貝爾（Fröbel）的教育學家亨瑞特·施拉德—布雷蔓（Henriette Schrader-Breymann）所描寫的，「一種包括全人的文化」。對這種整全性的尋求聯繫了不同的女性，如猶太女性番霓·雷瓦德（Fanny Lewald）、將耶穌稱為「使人整全者」的歷史學家瑞卡達·胡赫（Ricarda Huch）、詩人希薇亞·

普拉斯（Silvia Plath），以及說出女性激進的要求，「作為整全的人活著」並且運用「所有的感性和能力」的愛蒂·史坦·克莉絲塔·沃芙（Edith Stein Christa Wolf）。[20]

整全概念傳達了個人期望終結破碎支解的生命盼望，但在他的背後卻也隱藏了一種網狀的、彼此聯繫的世界的異象。女性主義的稱義論絕不能被誤解成個人主義式的稱義論。這是一種生命互相依存的圖像，是女性在日常生活中經常追求的，但是似乎經常無法實現。取代這種整全性的卻經常是完美和追求完美的幻想，這樣奸詐的替代方案，可顯示於閃閃發亮的地板和家中的一塵不染。整全性並不意指拯救，而是朝向得以痊愈的盼望的世界，在此世界中，傷痕和病灶不會被遮掩，他們意謂著挑戰。

正如女性的歷史所顯示的，整全概念具有一種協助的、醫治的功能。

而在神學傳統中也有關於整全的概念：在登山寶訓中說到：你們應該完全，正如天父完全一樣。或者，在誡命的脈絡中說到：你愛上帝必須「盡心、盡性、盡力」（申六5）。

這種整全性在神學中未曾真正受到重視，因為它被懷疑可能會喚出一個完美無缺的、完整的人性圖像。基督教神學，主要從奧古斯丁以來，便分裂成一個不可靠的、會受魅惑的、為驅力所推動的身體和一個與身體保持距離的精神。這種二元論,這個人的分裂,加上人對於邪情私慾的懼怕成為宗教改革的推動力,推向奧古斯丁的人性圖像,而這二元論至今仍未退場。我們對這種分裂的危險現已有所了解。今天我們則將人的身體和身體的驅力視為巨大的潛能。

我們可以用潔西卡·班雅明(Jessica Benjamin)「原始的相互主體性」(primäre Intersubjektivität)理論[21]來取代藏在許多神學綱領中將驅力視為一切罪惡的根源的驅力理論。這是一種從人的能力出發的觀點,它既趨向他人,也尋求自我表顯。如果這幼年的自戀症沒有受到關注及回應,必會導致退化行為或侵略行為。

過去性驅力曾引起(男性的)強烈注意,這使得其他的生命驅力減弱了。

時候到了,被壓抑的情緒、感覺和精力應該重新回到它們原本在人身上的位置,而特別是女性,過去經常是這種分裂的展現(如歇斯底里),現在具有一種重要的功能:以整全的人的身分再度肯認自己是整全的。整全性意謂不管一切的壓抑而將自身視為上帝美好的創造。透過整全的概念使一個迷戀於罪的神學重新回到創造和創造者之中。

C. 我是美麗的

美麗是神學中少見的一個範疇。雖然它被用在上帝或耶穌身上(《最美麗的主耶穌》〔*Schönster Herr Jesus*〕),[22] 但是論到人的美麗,卻因為悲觀的基調而顯得不恰當。令人驚訝的是,年輕的路德在他建構的稱義觀的初期,將上帝對人的激情之愛產生的作用描寫成人的美麗:「罪人是美麗的,因為他們被愛。」據我所知,關於人的美麗以後就再也沒人提及。改變人的愛的力量就此窄化成父親對罪人的接納。然而,正如我希望再度連結關於「良善」的存有範疇,我也希望連結關於「美麗」的存有言說,透過它們,那種只是法庭式的救贖觀得以成為改變全人的力量。

美麗在當代神學中消失了,但它卻再度出現於哲學中。它是一種不僅意指和諧,而且也包括醜陋的美學(Ästhetik)。他希望留意那些構成生命的成分,甚至包括生命中的危險和無法接受的事物。這樣,美麗就是值得肯定的。在此,我看見和女性神學及創造神學的思想的連結線,它鼓勵人對於實在(Wirklichkeit)採取一種不同的觀點。[23]

然而，這種改變的力量如何出現在生命中？當美國的黑人投入爭取平權的抗爭時，我便意識到這種朝向美麗的觀點。那時出現一種口號，這口號要人走出內化的、深層的自卑感——黑、暗、沒價值：黑是美麗的！結果，事實上，凡是觀察到這種對「古老」價值的反轉的人都發現：這邊不僅已經開始宣告某些事物，並且美的圖像真的已經改變了：黑真的是美的！

至此讓我一再想起一些女性，她們無法接納自己的本像，視自己為特別的。她們在社會上受到男性規範，在教會中受到基督教的謙遜要求的訓練，並且一再地根據外加的規範來評斷事物。接著，她們也不夠理性、不夠吸引人、不夠無私，缺乏真正的愛心。總之，她們總構不上被稱做美麗——美麗，在此涵括內在和外在。

美麗並不是一種奢侈。它不是星期天的畫像，而是日常生活的概念，是我們曾經體驗過的：大部分是透過母親，當然也會透過父親，他們以如癡似醉的眼神觀看他們的孩子，為他們開啟通往幸福之路。這是一種眼神，他真的讓孩童變得美麗，並且讓他們行事良善、喜悅。這種眼神可以在往後的生命中一再出現：透過男女朋友、夫妻，透過生命中所結識的人。

女性運動者分析，女性在社會和教會中擁有的權力是何等的少，這使得許多女性極度缺乏安全感，然而有許多女性團體讓許多不安的婦女再度發現女性擁有的獨特性和美麗。

七十年代有一本小書幫助許多女性產生這種改變性的眼光：珍·貝克·米勒（Jean Baker Miller）《女性的缺點是優點》（*Die Stärke weiblicher Schwäche*）。[24] 這本書顯示，女性不同於許多男性，她們在一種連結和與他人相依存的脈絡中發展自我，並且在此基礎上建造，而且如果她們真的能夠建立聯繫和伙伴關係，她們的自我感真的隨時會活化起來。因此，關係的失落就像自我完全的失落一般。

更重要的是，米勒將看起來似乎需要他人的女性的軟弱理解成剛強，她們在他人中發現正面的力量，她們不對抗他人，而是和他人在對反性中發展。據此，與他人連結不能理解為軟弱，聯繫可以幫助人發展出本身的剛強。

一個新的價值體系在此建立起來，它對男性也是有效的，其中的理想，不再是一種孤立的自主，而是一種在關係中成熟的自主。

在此，前面提到的具改變力的眼光發生作用，它創造出一個嶄新的、創意的、改變的世界。這是一種觀點，它將以前被視為醜陋的稱作美麗，它將以前被當作軟弱的稱為剛強。

我的意思是說：這種具改變力的觀點也深藏在基督教神學中，只是在目前不容易被察覺。但是，為了我們本身的自我理解，它能夠再度活現。它是一種力量，隱藏於十字架到復活、死亡到生命的改變過程。基督徒，無論男或女，經常關注的是負面的元素。他們習慣於談論受難和十字架，但是當他們要談論復活和生命時，卻變得口拙詞窮。「論到受苦我們有許多話要說」，有位女牧師批評道：「但是論到幸福時，我們卻沉默無聲。」甚且在談論美麗時，我們頓然詞窮語盡。然而，當我們再度嚴肅看待上帝具改變力的能量時，我們也將再度發現在我們裏面和在我們中間的美麗。那是一個人、一段歷史、一生、一段遭遇、一瞬間的特殊性和獨特性，它讓我們看見並感受美麗。「我是美麗的」這個句子讓那些長久活在陰暗中的人，那些瞧不起自己的人，不再只是看到他自己的用處，也能看到他的不可替代性。

當年輕的路德說到，罪人是美麗的，因為他們被愛，這時他還看見這個具改變力的看法。稍後的說法卻成了「罪人同時為義人」，愛的眼光所具備的魅力就此失去了，改變的力量也不再清晰可見。贖罪犧牲的思想遮蔽了對生命、對存在、對耶穌的復活的定向。但是在今天這個被遺忘的句子:「罪人是美麗的,因為他們被愛」中,隱藏著一種符合宗教改革精神的稱義論的進路,它在今天可以再度被女性所掌握,並且帶入生命之中。

這樣的女性神學的稱義論不能只透過話語來傳達。這不僅需要空間、時間,還需要人。需要能夠活出這種形式的「良善」的人,需要那種活在整全性的張力中的人,需要那種為了具改變力的美麗而勇於提出要求的人。

除了話語之外,可以出現的是儀式、性靈的不同形式、一個開啟這個生命空間的團契。這種稱義論是不分基督教或天主教的。它是普世的,並且指向人類教會的未來。

四　總結

改革宗的稱義論從女性主義的角度可被視為對抗生存焦慮——特別是女性——的治療性信仰觀點,它在上帝的公義的層次重新被理解。其中改變了源自奧古斯丁的悲觀的人論,而傾向以整全的、與社會網絡相關聯的進路去理解人。原初改革宗對於人的良善與美麗的説法據此得到新意及社會性的脈絡。

註釋

第3章　何者在先？罪或祝福？

1. *Die Bekenntnisschriften der Evangelish-Lutherischen Kirche*〔《信義宗信條》〕(Göttingen, 1952), 53.
2. *Die Bekenntnisschriften der Evangelish-Lutherischen Kirche*, 515.
3. J. P. Newell, *The Book of Creation. An Introduction to Celtic Spirituality*〔《創造之書：凱爾特性靈導論》〕(New York, 1999), XVIff.; 另見：B. R. Rees(編), *Pelagius. Life and Letters*〔《伯拉糾：生平與書信》〕(Woodbridge, 2003)。
4. *Katholischer Erwachsenen-Katechismus. Das*

Glaubensbekenntnis der Kirche〔《天主教成人教義問答》〕，德國主教會議編（Kevelaer u.a., 1985）, 331f.。

5. *Gemeinsame Synode der Bistürmer in der Bundesrepublik Deutschland. Offizielle Gesamtausgabe I*〔《德國天主教教區的宗教會議》〕（Freiburg, 1976）, 244.
6. *Der Spiegel* 〔《明鏡週刊》〕（2003）, Nr. 21, 71.
7. E. Pagels, *Adam, Eva und die Schlange. Die Theologie der Sünde*〔《亞當、夏娃與蛇：罪的神學》〕（Reinbek, 1991）, 309.
8. M. Fox, *Original Blessing*〔《初始的祝福》〕（Santa Fe, 1981）.
9. H. Haag, *Is Original Sin in the Scripture?* 〔《原罪有聖經依據嗎？》〕（Sheed and Ward, 1966）, 107.
10. Fox, *Original Blessing*, 42.
11. *Zu Segen in der gegenwärtigen Theologie: Wörterbuch Feministische Theologie*〔《女性神學辭典》〕（Gütersloh, 2002）, 499ff.
12. H. Arendt, *Vita activa oder Vom tätigen Leben*〔《積極的生命》〕（Stuttgart, 1960）, 15.157 u.ö.
13. Arendt, *Vita activa oder Vom tätigen Leben*, 166.

14. Arendt, *Vita activa oder Vom tätigen Leben*, 167.

15. Arendt, *Vita activa oder Vom tätigen Leben*, 243.

16. J. Kristea, *Das weibliche Genie, Hannah Arendt*〔《女性天才漢娜·阿倫特》〕(Berlin, 1999), 83.

第4章　女性主義稱義論

1. L. Scherzberg, *Sünde und Gnade in der Feministischen Theologie*〔《女性神學中的罪與恩典》〕(Mainz, 1991), 34.

2. J. Plaskow, *Sex, Sin and Grace*〔《性、罪與恩典》〕(New York, 1980), 157.

3. E. Moltmann-Wendel, *Das Land, wo Milch und Honig fließt*〔《那片流淌著奶和蜜的土地》〕(Gütersloh, 1985), 155ff.

4. E. Moltmann-Wendel, *Wer die Erde nicht berührt, kann den Himmel nicht erreichen*〔《凡不觸摸大地,就不能及天》〕(Zürich, 1997), 178ff.

5. M. Frettlöh, "Feministisch-theologische Blicke auf die paulinische und lutherische Rechtfertigungslehre,"

〔〈女性神學對保羅與路德的稱義論的觀點〉〕Vortrag am 6.11.1997 in Weimar〔1997年11月6日威瑪之演講手稿〕.

6. K. Heussi, *Kompendium der Kirchengeschichte*〔《教會史提綱》〕(Tübingen, 1991), 280.

7. E. Jüngel, "Leben aus Gerechtigkeit. Gotteshandeln-menschliches Tun,"〔〈稱義的生命〉〕於：*Wertlose Wahrheit. Zur Identität und Relevanz des christlichen Glaubens*(《真理無價》), Theologische Erörterung III (München, 1990)。

8. K. -P. Jörns, *Die neuen Gesicht Gottes*〔《上帝的新面貌》〕(München, 1997), 210f.

9. A. Walker, *Die Farbe Lila*〔《紫色》〕(Reinbeck, 1984), 138.

10. "Confessio Augustana. Artikel 14,"〔〈奧斯堡信條第十四條〉〕於：*Die Bekenntnisschriften der evangelisch-lutherischen Kirche*〔《信義宗信條》〕(Göttingen, 1952), 53。

11. T. Balasuria, "Die Erbsünde ist ein kirchlicher Irrtum,"〔〈原罪是教會的錯誤〉〕於：*Publik Forum*〔《公共論

壇》〕卷21（1997），24。

12. R. R. Reuther, *Sexismus und die Rede von Gott*〔《性別主義和上帝的言說》〕（Gütersloh, 1985），219.

13. R. zur Lippe, *Sinnenbewußtsein*〔《感性的意識》〕（Reinbeck, 1987），270.

14. J. Benjamin, "Die Antinomien des patriachalischen Denkens,"〔〈父權思想的二律悖反〉〕於：W. Bonß, A. Honneth（編），*Sozialforschung als Kritik*〔《作為批判的社會研究》〕（Frankfurt, 1982），438f.。

15. E. Moltmann-Wendel, *Wach auf, meine Freundin. Die wiederkehr der Gottesfreundschaft*〔《醒來吧，我的女性朋友們：上帝友誼的再臨》〕（Stuttgart, 2000），77.

16. M. Luther, *Ausgewählte Werke*〔《選集》〕（München, 1938），卷1, 145.28. "These der Heidelberger Disputation von 1518"〔〈1518年海德堡辯論之命題〉〕。

17. J. Ficker（編），*Luthers Vorlesungen über den Römerbrief 1515/1516*〔《路德1515／1516年的羅馬書講綱》〕（Leipzig, 1908），211.

18. N. Friday, *Wie meine Mutter*〔《我的母親》〕（Frankfurt, 1982）.

19. E. Fromm, *Die Kunst des Liebens* 〔《愛的藝術》〕（Frankfurt, 1982）.

20. 另參見 E. Moltmann-Wendel, Art 辭條 "Ganzheit," 〔〈整全性〉〕於：*Wörterbuch Feministische Theologie*（Gütersloh, 1991）。

21. J. Benjamin, "Die Autinomien des patriachalischen Denkens," 438f.

22. J. Moltmann, *Die erste Freigelassenen der Schöpfung* 〔《創造中首先或釋放的》〕（München, 1976）, 43ff.; R. Behren, *...daß Gott schön werde*〔《上帝變得美麗》〕（München, 1975）; -E. Jüngel, "Auch das schöne muß sterben. Schönheit im Lichte der Wahrheit,"〔〈真理角度下的美〉〕於：*Wertlose Wahrheit*（München, 1990）, 378ff.。

23. W. Schmid, *Philosophie der Lebenskunst*〔《生活藝術的哲學》〕（Frankfurt, 1999）, 168; Fox, *Original Blessing*, 208ff.

24. J. B. Miller, *Die Stärke weiblicher Schwäche*〔《女性的缺點是優點》〕（Frankfurt, 1979）, 138f.

緊扣時代 服事教會

以文字傳揚基督真道

讀者意見表

衷心多謝你購買本社書籍。本社一直致力以出版事工服事教會，幫助信徒扎根於神的話語，促進靈命增長。為使我們的出版更能滿足你的需要，請填寫下列各項資料，並寄回或傳真予本社。

所購書籍：＿＿＿＿＿＿＿＿

本書最吸引你的地方：

□作者 □適切性 □文筆 □設計 □實用性

□其他：＿＿＿＿＿＿＿＿

購買本書地點：

□基道書樓 □基督教書店 □非基督教書店

性別：□男 □女 職業：＿＿＿＿＿＿＿＿

信仰：□基督徒 □非基督徒

年齡：□ 16 歲或以下 □ 17～25 歲 □ 26～35 歲

□ 36～55 歲 □ 56 歲或以上

學歷：□中三或以下 □中五 □預科

□大學 □研究院

□我欲更多了解基道出版社的事工及考慮支持，請寄給我下列資料：

□機構簡介 □新書資料 □基道會員通訊

□《基道文字事工通訊》

姓名：＿＿＿＿＿＿＿＿電話：＿＿＿＿＿＿＿＿

地址：＿＿＿＿＿＿＿＿

＿＿＿＿＿＿＿＿

傳真：＿＿＿＿＿＿＿＿ 電子郵件：＿＿＿＿＿＿＿＿

其他意見：＿＿＿＿＿＿＿＿

＿＿＿＿＿＿＿＿

多謝賜教！

意見表可以傳真（2687-0281）或直接郵寄以下地址：
香港沙田火炭坳背灣街26號富騰工業中心1011室
基道出版社編輯部收